I0838134

Benjamin Harper

Benjamin Harper

Disconnessi dallo Stress: Ritrova Equilibrio e Serenità nell'Era Digitale

Benjamin Harper

Benjamin Harper

DEDICA

A tutti coloro che si sentono sopraffatti dal rumore del mondo digitale, questo libro è per voi. Che possiate trovare in queste pagine la calma, la chiarezza e gli strumenti per ritrovare l'equilibrio. Il vostro benessere è importante, e meritate di vivere una vita più serena e consapevole. Con gratitudine per il coraggio che dimostrate nel prendervi cura di voi stessi.

Benjamin Harper

INTRODUZIONE

Caro lettore,

Ti sei mai chiesto perché, nonostante tutti i progressi tecnologici che dovrebbero renderci la vita più semplice, ci sentiamo sempre più stressati e ansiosi? Se la risposta è sì, non sei solo. Come psicologo clinico e ricercatore nel campo delle neuroscienze cognitive, ho dedicato gli ultimi tre decenni a studiare l'impatto della tecnologia sul nostro benessere mentale. E credimi, quello che ho scoperto è tanto affascinante quanto allarmante.

Viviamo in un'epoca paradossale. Da un lato, abbiamo accesso a una quantità di informazioni e possibilità di connessione senza precedenti nella storia umana. Dall'altro, questa stessa abbondanza ci sta letteralmente prosciugando, lasciandoci esausti, distratti e, ironicamente, più disconnessi che mai - da noi stessi e dagli altri.

Ho scritto questo libro perché, nel corso della mia carriera, ho visto troppi pazienti - dai manager di alto livello agli studenti universitari - lottare con quello che ho iniziato a chiamare "stress digitale". Un tipo di stress subdolo, che si insinua nelle nostre vite bit dopo bit, notifica dopo notifica, fino a diventare una presenza costante e opprimente.

Ma non temere. Se stai leggendo queste righe, hai già fatto il primo passo verso il cambiamento. Questo libro non è un manuale tecnico né un trattato accademico. È una guida pratica, basata su solide evidenze scientifiche ma presentata in un linguaggio accessibile a tutti. Ti fornirà gli strumenti per navigare con consapevolezza nel mare digitale, senza farti travolgere dalle sue onde.

Nelle pagine che seguono, esploreremo insieme le radici dello stress digitale, impareremo a riconoscerne i sintomi e, soprattutto, scopriremo strategie concrete per ritrovare equilibrio e serenità. Dalla mindfulness applicata all'uso dei dispositivi, alle tecniche di detox digitale, fino alla creazione di connessioni autentiche in un mondo virtuale - ogni capitolo è progettato per offrirti soluzioni pratiche e immediatamente applicabili.

Non aspettarti una demonizzazione della tecnologia. Il nostro obiettivo non è tornare all'età della pietra, ma imparare a utilizzare gli strumenti digitali in modo consapevole e benefico. Come dico spesso ai miei studenti, con una punta di ironia: "La tecnologia dovrebbe essere il nostro maggiordomo, non il nostro padrone".

Questo libro è il risultato di anni di ricerca, esperienza clinica e, ammetto, anche di errori personali. Sì, perché anch'io ho dovuto imparare sulla mia pelle molte delle lezioni che condividerò con te. E se un "dinosauro digitale" come me è riuscito a trovare un equilibrio, sono certo che anche tu ci riuscirai.

Quindi, che tu sia un professionista oberato di lavoro, un genitore preoccupato per i propri figli o semplicemente qualcuno che cerca di vivere meglio nell'era digitale, questo libro ha qualcosa da offrirti. Preparati a un viaggio di scoperta, di crescita e, perché no, anche di qualche risata lungo il percorso.

Sei pronto a disconnetterti dallo stress e riconnetterti con te stesso? Gira pagina e iniziamo questa avventura insieme.

LA CRESCENTE EPIDEMIA DI STRESS E ANSIA NEL MONDO DIGITALE

Negli ultimi due decenni, abbiamo assistito a una trasformazione radicale del tessuto sociale e psicologico della nostra società. L'avvento di internet, degli smartphone e dei social media ha rivoluzionato il modo in cui comunichiamo, lavoriamo e viviamo. Tuttavia, questa rivoluzione digitale, per quanto entusiasmante e ricca di opportunità, ha portato con sé un'ombra sempre più ingombrante: un'epidemia silenziosa ma pervasiva di stress e ansia.

I numeri parlano chiaro. Secondo recenti studi epidemiologici, i tassi di disturbi d'ansia e depressione sono aumentati del 25% a livello globale dall'inizio del nuovo millennio. E non è un caso che questo incremento coincida con la diffusione capillare delle tecnologie digitali. Ma attenzione: non sto suggerendo una semplice correlazione. La relazione tra tecnologia e salute mentale è complessa e multiforme, un intreccio di fattori psicologici, sociali e neurobiologici che solo ora stiamo iniziando a comprendere appieno.

Prendiamo, ad esempio, il fenomeno del "FOMO" (Fear Of Missing Out), la paura di essere tagliati fuori. Questa non è una novità assoluta - l'essere umano ha sempre temuto l'esclusione sociale. Ma i social media hanno amplificato questa paura a livelli senza precedenti. Ora, con un semplice scroll del nostro feed, possiamo vedere in tempo reale cosa stanno facendo i nostri amici, colleghi e persino sconosciuti in tutto il mondo. Questa esposizione costante a vite apparentemente più eccitanti e realizzate della nostra può innescare un ciclo di confronto sociale tossico e autodistruttivo.

E che dire della "sindrome da notifica"? Quel sussulto di

adrenalina ogni volta che il nostro telefono vibra o suona. Potrebbe sembrare innocuo, ma da un punto di vista neurobiologico, stiamo condizionando il nostro cervello a un costante stato di allerta, simile a quello che i nostri antenati sperimentavano quando dovevano essere vigili contro i predatori. La differenza? I nostri antenati avevano momenti di pausa tra un pericolo e l'altro. Noi, invece, viviamo in uno stato di ipervigilanza cronica.

Il paradosso della connettività è un altro aspetto cruciale di questa epidemia digitale. Mai nella storia umana siamo stati così connessi e, allo stesso tempo, così isolati. La qualità delle nostre interazioni sta soffrendo. Studi recenti mostrano che la capacità di empatia e di lettura delle emozioni altrui sta diminuendo nelle giovani generazioni, cresciute con interazioni mediate principalmente dagli schermi.

Non dimentichiamoci poi dell'impatto sul nostro sonno. La luce blu emessa dai nostri dispositivi interferisce con la produzione di melatonina, l'ormone del sonno. Risultato? Milioni di persone che soffrono di insonnia cronica, con tutte le conseguenze che questo comporta sulla salute fisica e mentale.

E qui arriviamo a un punto cruciale: lo stress digitale non è solo un problema psicologico, ma anche fisico. L'esposizione prolungata a situazioni di stress cronico può portare a una cascata di effetti negativi sul nostro corpo: dall'indebolimento del sistema immunitario all'aumento del rischio di malattie cardiovascolari.

Ma forse l'aspetto più insidioso di questa epidemia è la sua natura pervasiva e spesso invisibile. A differenza di altre forme di stress, lo stress digitale si insinua nelle nostre vite in modo subdolo. Non ce ne rendiamo conto finché non è troppo tardi, finché non ci troviamo esausti, ansiosi, incapaci di concentrarci o di godere dei momenti di relax.

È importante sottolineare che non sono solo gli adulti a

soffrire di questa epidemia. I bambini e gli adolescenti, con i loro cervelli ancora in fase di sviluppo, sono particolarmente vulnerabili. L'aumento dei tassi di depressione e ansia tra i giovani è allarmante, e molti esperti puntano il dito verso l'uso eccessivo e non regolamentato dei dispositivi digitali.

Tuttavia, non tutto è perduto. La consapevolezza di questo problema sta crescendo, e con essa anche la ricerca di soluzioni. Aziende tecnologiche stanno iniziando a implementare funzioni di "benessere digitale" nei loro prodotti. Scuole e università stanno introducendo programmi di educazione alla consapevolezza digitale. E sempre più persone stanno cercando modi per ritrovare un equilibrio nella loro vita digitale.

È in questo contesto che si inserisce il nostro libro. Non si tratta di demonizzare la tecnologia - sarebbe miope e controproducente. Si tratta piuttosto di imparare a navigare in questo nuovo mondo digitale con consapevolezza e intenzione. Di trasformare la tecnologia da fonte di stress a strumento di crescita e connessione autentica.

Nei capitoli che seguono, esploreremo in dettaglio le radici di questa epidemia di stress digitale e, soprattutto, forniremo strumenti pratici e strategie efficaci per contrastarla. Perché la tecnologia dovrebbe migliorare le nostre vite, non complicarle. E con le giuste conoscenze e competenze, possiamo trasformare questa sfida in un'opportunità di crescita personale e collettiva.

COME UTILIZZARE QUESTO LIBRO PER MIGLIORARE LA PROPRIA VITA

Caro lettore, hai tra le mani più di un semplice libro. Quello che tieni è una bussola, una mappa e un compagno di viaggio tutto in uno. Ma come ogni strumento, la sua efficacia dipende da come lo userai. Permettimi quindi di guidarti attraverso il modo migliore per sfruttare appieno questo testo e trasformarlo in un catalizzatore di cambiamento positivo nella tua vita.

1. Approccio graduale e personalizzato

Innanzitutto, ricorda che questo non è un manuale da seguire rigidamente dalla prima all'ultima pagina. Ogni capitolo è stato concepito come un modulo a sé stante, interconnesso con gli altri ma fruibile anche singolarmente. Ti consiglio di dare una prima lettura veloce all'intero libro per avere una visione d'insieme, poi torna indietro e concentrati sui capitoli che senti più rilevanti per la tua situazione attuale.

Non sentirti in dovere di applicare tutte le strategie contemporaneamente. Inizia con una o due tecniche che ti sembrano più fattibili o attraenti. Ricorda, si tratta di un processo, non di una gara. Il cambiamento duraturo richiede tempo e pazienza.

2. Diario di bordo digitale (e analogico)

Ti suggerisco vivamente di tenere un diario mentre leggi e

applichi i concetti del libro. Può essere digitale - sì, l'ironia non mi sfugge - o cartaceo, a seconda delle tue preferenze. Usa questo diario per annotare le tue riflessioni, i tuoi progressi e le sfide che incontri. Questo esercizio non solo ti aiuterà a interiorizzare meglio i concetti, ma ti fornirà anche un prezioso strumento per monitorare il tuo percorso di crescita.

3. Esercizi pratici: la chiave del cambiamento

Sparsi per tutto il libro troverai numerosi esercizi pratici. Non saltarli! Sono il cuore pulsante di questo testo, il ponte tra la teoria e la pratica. Che si tratti di una meditazione guidata, di un'analisi del tuo uso dei social media o di un esperimento di "digital detox", dedica il tempo necessario per svolgerli con attenzione.

Ti suggerisco di creare un "angolo della consapevolezza digitale" in casa tua, uno spazio dedicato dove svolgere questi esercizi lontano dalle distrazioni. Potrebbe essere un angolo del tuo studio, o anche solo una comoda poltrona con vista sulla natura.

4. Coinvolgi altri nel tuo percorso

Il cambiamento è più facile e duraturo quando non siamo soli. Condividi ciò che stai imparando con amici, familiari o colleghi. Potresti persino proporre un "club di lettura" incentrato su questo libro. Discutere le idee con altri non solo ti aiuterà a consolidare l'apprendimento, ma potrebbe anche fornirti nuove prospettive e idee su come applicare i concetti nella tua vita.

5. Sperimenta e personalizza

Mentre leggi, ricorda che non tutte le strategie funzioneranno allo stesso modo per tutti. Sei unico, e il tuo percorso verso il benessere digitale lo sarà altrettanto. Sperimenta con le varie tecniche, adattale alle tue esigenze e non aver paura di modificarle. L'importante è trovare ciò che funziona per te.

6. Rifletti e rivedi regolarmente

Alla fine di ogni capitolo, troverai delle domande di riflessione. Non limitarti a rispondere mentalmente. Scrivi le tue risposte, discutile con altri se possibile. Torna a queste riflessioni dopo qualche settimana o mese e osserva come sono cambiate le tue prospettive.

Stabilisci delle "date di controllo" con te stesso. Ogni mese o ogni trimestre, dedica del tempo per rivedere i tuoi progressi, celebrare i successi e identificare le aree che richiedono ulteriore lavoro.

7. Applica la "regola del 1%"

Il cambiamento non deve essere drastico per essere efficace. Applica quella che chiamo la "regola dell'1%": cerca di migliorare solo dell'1% ogni giorno in un'area specifica del tuo rapporto con la tecnologia. Che si tratti di ridurre il tempo trascorso sui social media, aumentare i momenti di mindfulness o migliorare la qualità del tuo sonno, questi piccoli cambiamenti si accumuleranno nel tempo, portando a trasformazioni significative.

8. Usa le risorse aggiuntive

Nell'appendice del libro troverai una ricca sezione di risorse aggiuntive: app consigliate, letture complementari, siti web utili. Non ignorarle! Sono state accuratamente selezionate per amplificare e supportare il tuo percorso di crescita.

9. Sii gentile con te stesso

Infine, ma non meno importante, pratica la compassione verso te stesso. Ci saranno giorni in cui ricadrai nelle vecchie abitudini, in cui la tecnologia sembrerà avere la meglio su di te. È normale, fa parte del processo. Invece di autocriticarti, usa questi momenti come opportunità di apprendimento. Rifletti su cosa ha innescato il comportamento e come potresti affrontare la situazione in modo diverso la prossima volta.

10. Fanne un'avventura

Ultimo consiglio: approccio questo percorso con un senso di curiosità e avventura. Sì, stiamo affrontando temi seri, ma ciò non significa che il viaggio non possa essere divertente ed emozionante. Celebra ogni piccola vittoria, ridi dei tuoi errori (credimi, ne ho fatti anch'io a bizzeffe) e goditi il processo di riscoperta di te stesso in questo nuovo equilibrio digitale.

Ricorda, questo libro non è la fine del tuo viaggio, ma l'inizio. È uno strumento per avviare una conversazione con te stesso, per risvegliare la consapevolezza e per iniziare un processo di cambiamento che, ne sono certo, continuerà ben oltre l'ultima pagina.

Ora, sei pronto per questa avventura? Gira pagina, prendi un respiro profondo, e iniziamo insieme questo viaggio verso un rapporto più sano, consapevole e appagante con la tecnologia. Il futuro digitale che desideri inizia qui, ora, con te.

CAPITOLO 1: L'ETÀ DELL'ANSIA DIGITALE

EVOLUZIONE TECNOLOGICA E IMPATTO SULLA VITA QUOTIDIANA

Immaginate di poter viaggiare nel tempo e di tornare indietro di soli trent'anni. Vi ritrovate nel 1994, l'anno in cui Amazon venne fondata in un garage e il primo smartphone degno di questo nome, l'IBM Simon, fece la sua comparsa sul mercato. Se raccontaste alle persone di quell'epoca che nel 2024 avremmo avuto in tasca dispositivi in grado di accedere istantaneamente a tutta la conoscenza umana, di comunicare in video con chiunque nel mondo in tempo reale, e di guidarci passo dopo passo in qualsiasi città sconosciuta, vi avrebbero probabilmente guardato come se foste appena atterrati da un altro pianeta.

Eppure, eccoci qui. In poco più di un quarto di secolo, abbiamo assistito a una rivoluzione tecnologica senza precedenti nella storia umana. Un cambiamento così rapido e pervasivo da aver trasformato radicalmente non solo il modo in cui viviamo e lavoriamo, ma anche come pensiamo, comunichiamo e percepiamo il mondo intorno a noi.

Dal telefono fisso allo smartphone: una rivoluzione in tasca

Ricordo ancora vividamente quando, da giovane ricercatore, dovevo prenotare una chiamata internazionale con giorni di anticipo e spendere una fortuna per parlare pochi minuti con un collega all'estero. Oggi, con una semplice app sul mio smartphone, posso avviare una videochiamata con colleghi in tre continenti diversi, condividere documenti in tempo reale e persino collaborare su progetti come se fossimo tutti nella stessa stanza.

Lo smartphone, in particolare, ha avuto un impatto rivoluzionario sulla nostra vita quotidiana. Pensate a quanti oggetti ha reso obsoleti: la macchina fotografica, la videocamera, il lettore musicale, la sveglia, la calcolatrice, la bussola, le mappe cartacee, l'agenda... L'elenco potrebbe continuare. Abbiamo guadagnato in praticità e efficienza, certo, ma a che prezzo?

La costante disponibilità e la moltitudine di funzioni dei nostri dispositivi hanno creato una sorta di "guinzaglio digitale". Siamo sempre reperibili, sempre connessi, sempre "on". Il confine tra vita personale e professionale si è fatto sempre più sfumato, con e-mail di lavoro che ci raggiungono a qualsiasi ora del giorno e della notte. La capacità di "staccare" veramente è diventata un lusso raro e prezioso.

I social media: connessi ma soli

L'avvento dei social media ha rappresentato un altro punto di svolta cruciale. Piattaforme come Facebook, Instagram, Twitter (ora X) e TikTok hanno ridefinito il concetto stesso di relazione sociale. Da un lato, ci hanno permesso di mantenere contatti con persone che altrimenti avremmo perso di vista, di creare comunità basate su interessi comuni e di dare voce a chi prima non ne aveva.

Dall'altro lato, hanno introdotto nuove forme di pressione sociale e ansia. Il confronto costante con le vite (apparentemente) perfette degli altri può alimentare sentimenti di inadeguatezza e insoddisfazione. La ricerca ossessiva di like e approvazione online può diventare una fonte di stress e ansia. E che dire del fenomeno del "doom scrolling", quel scrollare compulsivo del feed alla ricerca di notizie, spesso negative, che può intrappolarci in una spirale di ansia e pessimismo?

L'economia dell'attenzione: quando il tempo è denaro (degli altri)

Un aspetto meno evidente ma altrettanto impattante dell'evoluzione tecnologica è l'emergere di quella che gli esperti chiamano "economia dell'attenzione". In un mondo saturato di informazioni e stimoli, la nostra attenzione è diventata una delle risorse più preziose e contese.

Le grandi aziende tech hanno sviluppato algoritmi sempre più sofisticati per catturare e mantenere la nostra attenzione il più a lungo possibile. Notifiche push, feed infiniti, autoplay dei video: sono tutti meccanismi progettati per tenerci incollati allo schermo. Il risultato? Una frammentazione costante della nostra attenzione, che può portare a difficoltà di concentrazione, riduzione della produttività e, in ultima analisi, a un senso di frustrazione e inadeguatezza.

La rivoluzione del lavoro: flessibilità e burnout

L'evoluzione tecnologica ha trasformato radicalmente anche il mondo del lavoro. La possibilità di lavorare da remoto, accelerata dalla pandemia di COVID-19, ha portato benefici in termini di flessibilità e equilibrio vita-lavoro per molti. Tuttavia, ha anche introdotto nuove sfide.

Il "sempre connessi" può tradursi in una pressione costante a essere produttivi, cancellando i confini tra orario di lavoro e tempo libero. Le videochiamate continue possono portare alla cosiddetta "Zoom fatigue", un affaticamento mentale legato all'uso eccessivo di piattaforme di videoconferenza. E la mancanza di interazioni faccia a faccia può portare a un senso di isolamento e disconnessione dai colleghi.

L'impatto sulla salute mentale: l'elefante nella stanza digitale

Tutti questi cambiamenti hanno avuto un impatto profondo sulla nostra salute mentale. Studi recenti mostrano un aumento significativo dei tassi di ansia, depressione e burnout, particolarmente tra i giovani adulti e gli adolescenti, i cosiddetti "nativi digitali".

Il paradosso è che, mentre la tecnologia ci promette di semplificarci la vita, spesso finiamo per sentirci sopraffatti, distratti e disconnessi. La sensazione di dover essere sempre "on", di dover rispondere immediatamente a ogni messaggio o notifica, può generare un senso di ansia costante. La paura di perdersi qualcosa di importante (FOMO - Fear Of Missing Out) può portare a un uso compulsivo dei social media.

Verso un futuro digitale consapevole

Ma non tutto è perduto. La crescente consapevolezza di questi problemi sta portando a una riflessione collettiva sul nostro rapporto con la tecnologia. Sempre più persone stanno cercando modi per riconquistare il controllo del proprio tempo e della propria attenzione.

Le stesse aziende tech, sotto la pressione dell'opinione pubblica e di studi sempre più allarmanti, stanno iniziando a introdurre funzionalità di "benessere digitale" nei loro prodotti. Strumenti per monitorare e limitare il tempo trascorso sulle app, modalità "non disturbare" più avanzate, opzioni per ridurre le notifiche: sono tutti passi nella giusta direzione.

Inoltre, sta emergendo un nuovo campo di studi interdisciplinare che combina psicologia, neuroscienze e tecnologia per comprendere meglio l'impatto del digitale sul nostro benessere e sviluppare soluzioni efficaci.

In conclusione, l'evoluzione tecnologica degli ultimi decenni ha trasformato radicalmente le nostre vite, portando enormi benefici ma anche nuove sfide per il nostro benessere mentale. La chiave per navigare in questa nuova "età dell'ansia digitale" sta nel trovare un equilibrio, nell'usare la tecnologia in modo consapevole e intenzionale, invece di lasciarci usare da essa.

Nei prossimi capitoli, esploreremo in dettaglio i vari aspetti di questa rivoluzione digitale e, soprattutto, forniremo strumenti pratici per riconquistare il controllo della nostra vita digitale. Perché la tecnologia dovrebbe essere un strumento per migliorare le nostre vite, non una fonte di stress e ansia. E con le giuste conoscenze e strategie, possiamo trasformare questa sfida in un'opportunità di crescita personale e collettiva.

SEGNALI E SINTOMI DELLO STRESS CORRELATO ALLA TECNOLOGIA

Nel corso della mia carriera, ho visto innumerevoli pazienti entrare nel mio studio lamentando sintomi che, a prima vista, sembravano scollegati tra loro: insonnia, ansia, difficoltà di concentrazione, dolori muscolari. Spesso, scavando più a fondo, emergeva un comune denominatore: lo stress correlato alla tecnologia, o "tecnostress" come alcuni colleghi hanno iniziato a chiamarlo.

Ma come riconoscere questo "nemico invisibile"? Ecco una guida dettagliata ai segnali e sintomi più comuni del tecnostress. Ricordate, l'identificazione è il primo passo verso la soluzione.

1. Sintomi Fisici

a) Disturbi del sonno

Il sonno è spesso la prima vittima del tecnostress. L'esposizione alla luce blu degli schermi prima di dormire può interferire con la produzione di melatonina, l'ormone del sonno. Sintomi comuni includono:

- Difficoltà ad addormentarsi

- Risvegli frequenti durante la notte

- Sensazione di non essere riposati al mattino

b) Tensione muscolare e dolori

L'uso prolungato di dispositivi può portare a:

- Dolore al collo e alle spalle (la famosa "tech neck")

- Mal di schiena

- Sindrome del tunnel carpale

- Affaticamento oculare e mal di testa

c) Cambiamenti nell'appetito

Lo stress tecnologico può influenzare le nostre abitudini alimentari:

- Aumento dell'appetito, soprattutto per cibi ad alto contenuto calorico

- Perdita di appetito

- Mangiare distrattamente davanti allo schermo, portando a sovralimentazione

2. Sintomi Psicologici

a) Ansia e irrequietezza

- Sensazione di dover controllare costantemente il telefono o le e-mail

- Ansia quando si è lontani dal proprio dispositivo (nomofobia)

- Preoccupazione eccessiva per ciò che accade online

b) Difficoltà di concentrazione

- Incapacità di focalizzarsi su un singolo compito per periodi prolungati

- Tendenza a passare rapidamente da un'attività all'altra (multitasking compulsivo)

- Riduzione della capacità di memoria a breve termine

c) Irritabilità e sbalzi d'umore

- Reazioni sproporzionate a piccole frustrazioni tecnologiche

- Cambiamenti rapidi dell'umore, soprattutto dopo l'uso intensivo di social media

d) Sensazione di sovraccarico cognitivo

- Sentirsi mentalmente esausti dopo l'uso prolungato di dispositivi

- Difficoltà a processare nuove informazioni

- Sensazione di "nebbia mentale"

3. Sintomi Comportamentali

a) Dipendenza tecnologica

- Difficoltà a staccarsi dai dispositivi, anche in situazioni sociali

- Sensazione di panico quando la batteria è scarica o non c'è connessione

- Controllare compulsivamente notifiche o aggiornamenti

b) Procrastinazione digitale

- Rimandare compiti importanti per attività online meno urgenti

- Perdere la cognizione del tempo durante la navigazione web o l'uso dei social media

c) Deterioramento delle relazioni personali

- Preferire le interazioni online a quelle faccia a faccia

- Conflitti con partner o familiari sull'uso eccessivo della tecnologia

- Phubbing (ignorare gli altri per guardare il proprio smartphone)

4. Sintomi Sociali

a) FOMO (Fear Of Missing Out)

- Ansia di essere tagliati fuori da eventi o interazioni social

- Confronto ossessivo con le vite degli altri sui social media

b) Diminuzione dell'empatia

- Difficoltà a leggere le emozioni altrui nelle interazioni faccia a faccia

- Reazioni emotive ridotte a notizie o eventi drammatici (desensibilizzazione)

c) Isolamento sociale

- Preferenza per le interazioni online rispetto a quelle reali

- Sensazione di disconnessione dalle persone fisicamente presenti

5. Sintomi Professionali

a) Burnout digitale

- Esaurimento emotivo legato all'uso eccessivo di tecnologia per lavoro

- Cinismo o distacco emotivo verso il proprio lavoro

b) Tecno-invasione

- Difficoltà a "staccare" dal lavoro fuori dall'orario d'ufficio

- Sensazione di dover essere sempre reperibili

c) Overload informativo

- Sensazione di essere sopraffatti dalla quantità di informazioni da processare

- Difficoltà a prendere decisioni a causa dell'eccesso di opzioni disponibili

Un approccio olistico

È importante notare che questi sintomi spesso si sovrappongono e si influenzano a vicenda. Ad esempio, i disturbi del sonno possono portare a difficoltà di concentrazione, che a loro volta possono influire negativamente sulle prestazioni lavorative.

Inoltre, è fondamentale considerare che molti di questi sintomi potrebbero avere altre cause. Non bisogna cadere nella trappola di attribuire automaticamente ogni malessere alla tecnologia. Un approccio olistico, che consideri tutti gli aspetti della vita di una persona, è sempre la strada migliore.

L'importanza dell'auto-consapevolezza

La chiave per affrontare il tecnostress sta nell'auto-consapevolezza. Vi invito a prendere un momento per riflettere: quanti di questi sintomi riconoscete in voi stessi? In che misura influenzano la vostra qualità di vita?

Ricordate, riconoscere il problema è il primo, fondamentale passo verso la soluzione. Nei prossimi capitoli, esploreremo strategie concrete per affrontare questi sintomi e ritrovare un equilibrio sano con la tecnologia.

Non siete soli in questa sfida. Milioni di persone in tutto il mondo stanno affrontando le stesse difficoltà. Ma con le giuste conoscenze e strumenti, possiamo trasformare il nostro rapporto con la tecnologia da fonte di stress a risorsa per il benessere e la crescita personale.

COME IL CERVELLO REAGISCE ALL'IPERCONNETTIVITÀ

Immaginate il vostro cervello come una città vibrante e in continua evoluzione. Ora, pensate all'avvento dell'era digitale come all'arrivo improvviso di milioni di nuovi residenti, tutti che parlano contemporaneamente, che richiedono attenzione immediata, che creano nuove strade e connessioni ad un ritmo frenetico. Come reagirebbe questa città? Come si adatterebbe a questo sovraccarico di stimoli e informazioni?

Questa metafora, per quanto semplificata, ci offre uno spunto per comprendere la sfida che il nostro cervello affronta nell'era dell'iperconnettività. Ma addentriamoci più a fondo in questo affascinante mondo della neuroplasticità e vediamo cosa ci dice la scienza più recente.

1. Il cervello plastico: adattamento e sovraccarico

Il nostro cervello è incredibilmente adattabile, una caratteristica nota come neuroplasticità. Questa capacità ci ha permesso di sopravvivere e prosperare in ambienti diversi per millenni. Tuttavia, l'era digitale sta mettendo alla prova questa plasticità come mai prima d'ora.

a) Cambiamenti strutturali

Studi di neuroimaging hanno rivelato che l'uso intensivo di tecnologie digitali può portare a cambiamenti strutturali nel cervello. Ad esempio:

- La materia grigia nella corteccia prefrontale, l'area associata al pensiero critico e al controllo degli impulsi, può ridursi in volume nei forti utilizzatori di smartphone.

- D'altra parte, le aree cerebrali associate alla coordinazione occhio-mano e alle capacità visuo-spaziali possono mostrare un aumento di volume nei giocatori assidui di videogiochi.

Questi cambiamenti non sono intrinsecamente "buoni" o "cattivi", ma riflettono l'adattamento del cervello all'ambiente digitale.

b) Rewiring neurale

L'iperconnettività sta "ricablando" il nostro cervello. Le connessioni neurali più utilizzate si rafforzano, mentre quelle meno utilizzate si indeboliscono. Questo può portare a:

- Miglioramento delle capacità di multitasking, ma a scapito della profondità di elaborazione.

- Aumento della velocità di elaborazione visiva, ma potenziale riduzione della capacità di concentrazione prolungata.

2. Il sistema di ricompensa: la trappola della dopamina

Il nostro cervello è programmato per cercare la ricompensa, e le tecnologie digitali sono maestri nel sfruttare questo sistema.

a) Il loop della dopamina

Ogni notifica, like, o messaggio scatena un piccolo rilascio di dopamina, il neurotrasmettitore del piacere e della ricompensa. Questo crea un ciclo di rinforzo che può portare a comportamenti compulsivi:

- Controlliamo costantemente il telefono in cerca di nuovi stimoli.

- Scrolliamo infinitamente i feed dei social media.

- Sentiamo un senso di inquietudine quando non siamo connessi.

b) Tolleranza e dipendenza

Con il tempo, il cervello può sviluppare una tolleranza a questi stimoli digitali, richiedendo dosi sempre maggiori per ottenere lo stesso effetto gratificante. Questo meccanismo è simile a quello che si osserva nelle dipendenze comportamentali.

3. Attenzione frammentata: il costo cognitivo del multitasking

L'iperconnettività ci spinge costantemente verso il multitasking, ma il nostro cervello non è evoluto per gestire molteplici flussi di informazione simultaneamente.

a) Sovraccarico del controllo esecutivo

La corteccia prefrontale, responsabile del controllo esecutivo, si affatica rapidamente quando cerchiamo di gestire più compiti contemporaneamente. Questo può portare a:

- Diminuzione della capacità di concentrazione.

- Aumento degli errori.

- Sensazione di esaurimento mentale.

b) Costo del task-switching

Ogni volta che passiamo da un compito all'altro, il nostro cervello deve "ricalibrare", un processo che consuma energia e tempo. Studi hanno dimostrato che il multitasking frequente può ridurre la produttività fino al 40%.

4. Memoria e apprendimento: superficialità vs profondità

L'accesso istantaneo a vaste quantità di informazioni sta cambiando il modo in cui memorizziamo e elaboriamo le conoscenze.

a) Effetto Google

Tendiamo a ricordare meno informazioni specifiche, sapendo di poter accedere facilmente a queste informazioni online. Questo fenomeno, noto come "effetto Google", può influenzare la nostra memoria a lungo termine.

b) Lettura superficiale

L'abitudine alla lettura rapida e al "skimming" online può influenzare la nostra capacità di lettura profonda e di analisi critica dei testi più lunghi.

5. Regolazione emotiva: l'impatto dei social media

L'esposizione costante ai social media può influenzare profondamente il nostro stato emotivo e la nostra autopercezione.

a) Confronto sociale e autostima

L'esposizione costante alle vite "curate" degli altri sui social media attiva aree cerebrali legate al confronto sociale, potenzialmente influenzando negativamente l'autostima.

b) Empatia e connessione sociale

Alcuni studi suggeriscono che l'interazione sociale prevalentemente online potrebbe influenzare la nostra capacità di empatia e di lettura delle emozioni altrui nelle interazioni faccia a faccia.

6. Cicli circadiani e sonno: la luce blu e oltre

L'uso di dispositivi digitali, soprattutto di sera, può interferire significativamente con i nostri ritmi circadiani.

a) Soppressione della melatonina

La luce blu emessa dagli schermi può sopprimere la produzione di melatonina, l'ormone che regola il sonno, portando a disturbi del sonno e alterazioni del ritmo circadiano.

b) Attivazione corticale

L'esposizione a contenuti stimolanti (come social media o notizie) prima di dormire può mantenere il cervello in uno stato di iperattivazione, rendendo difficile il rilassamento e l'addormentamento.

Conclusione: Verso un equilibrio neurale

Il nostro cervello sta certamente affrontando sfide senza precedenti nell'era dell'iperconnettività. Tuttavia, è importante ricordare che la neuroplasticità è una spada a doppio taglio: così come il cervello può essere influenzato negativamente dall'uso eccessivo della tecnologia, può anche essere "riallenato" per ritrovare l'equilibrio.

Nei prossimi capitoli, esploreremo strategie concrete per sfruttare la neuroplasticità a nostro vantaggio, imparando a usare la tecnologia in modo più consapevole e benefico per il nostro cervello. L'obiettivo non è demonizzare la tecnologia, ma imparare a navigare questo nuovo ambiente digitale in modo che potenzi, anziché ostacolare, le nostre capacità cognitive ed emotive.

Ricordate: il vostro cervello è l'hardware più sofisticato che esista. Merita la migliore cura e il miglior "software" possibile. Con consapevolezza e pratiche mirate, possiamo trasformare la sfida dell'iperconnettività in un'opportunità di crescita e evoluzione cerebrale.

EFFETTI NEUROLOGICI DELLO STRESS DIGITALE

L'era digitale, con la sua incessante corrente di informazioni e stimoli, sta sottoponendo il nostro cervello a pressioni senza precedenti. Come neuroscienziato con decenni di esperienza nello studio del comportamento umano, ho osservato con crescente preoccupazione l'emergere di un fenomeno che definirei "stress digitale cronico". Questo stato di sovraccarico cognitivo continuo sta producendo effetti neurologici profondi e duraturi, che meritano un'analisi approfondita.

Alterazioni della struttura cerebrale

Uno degli effetti più sorprendenti dello stress digitale è la sua capacità di alterare fisicamente la struttura del nostro cervello. Studi di neuroimaging hanno rivelato cambiamenti significativi in diverse aree cerebrali nei soggetti esposti a lungo termine a elevati livelli di stimolazione digitale.

La corteccia prefrontale, sede del nostro controllo esecutivo e del pensiero critico, sembra essere particolarmente vulnerabile. In alcuni studi, si è osservata una riduzione della densità della materia grigia in questa regione nei forti utilizzatori di dispositivi digitali. Questo potrebbe spiegare la crescente difficoltà che molte persone sperimentano nel mantenere l'attenzione focalizzata o nel resistere alle distrazioni.

D'altra parte, alcune aree cerebrali mostrano un aumento di volume. Le regioni associate all'elaborazione visiva e alla coordinazione occhio-mano, ad esempio, tendono ad espandersi nei giocatori assidui di videogiochi. Questo dimostra la straordinaria plasticità del nostro cervello, capace di rimodellarsi in risposta alle richieste ambientali.

Tuttavia, è importante notare che questi cambiamenti strutturali non sono necessariamente positivi o negativi di per sé. Piuttosto, riflettono l'adattamento del cervello a un ambiente digitale ad alta intensità, spesso a scapito di altre capacità cognitive.

Alterazioni dei sistemi neurotrasmettitoriali

Lo stress digitale ha un impatto profondo anche sui delicati equilibri chimici del nostro cervello. In particolare, il sistema dopaminergico, responsabile della motivazione e del senso di ricompensa, subisce alterazioni significative.

L'esposizione continua a stimoli digitali gratificanti - come le notifiche dei social media o i messaggi istantanei - può portare a un rilascio frequente di dopamina. Nel tempo, questo può indurre una desensibilizzazione dei recettori dopaminergici, richiedendo stimoli sempre più intensi per ottenere lo stesso livello di gratificazione. Questo meccanismo è sorprendentemente simile a quello osservato nelle dipendenze da sostanze.

Inoltre, lo stress cronico associato all'iperconnettività può portare a un'alterazione dell'asse ipotalamo-ipofisi-surrene, con conseguente aumento dei livelli di cortisolo, l'ormone dello stress. L'esposizione prolungata a livelli elevati di cortisolo può danneggiare l'ippocampo, una regione cerebrale cruciale per l'apprendimento e la memoria.

Impatto sui processi cognitivi

Gli effetti neurologici dello stress digitale si manifestano in modo evidente nei nostri processi cognitivi quotidiani.

L'attenzione, in particolare, sembra essere una delle funzioni cognitive più colpite. Il costante bombardamento di stimoli digitali porta a quello che alcuni ricercatori hanno definito "attenzione parziale continua". In questo stato, il cervello cerca di monitorare molteplici fonti di informazione simultaneamente, risultando in una diminuzione della capacità di concentrazione profonda e sostenuta.

La memoria di lavoro, essenziale per il ragionamento complesso e la risoluzione dei problemi, subisce anch'essa l'impatto dello stress digitale. L'abitudine al multitasking digitale può ridurre la capacità del cervello di manipolare e trattenere informazioni a breve termine, compromettendo l'efficienza cognitiva.

Anche i processi di apprendimento vengono influenzati. L'accesso istantaneo alle informazioni online sta cambiando il modo in cui il nostro cervello codifica e recupera le conoscenze. Il cosiddetto "effetto Google" ci porta a ricordare meno informazioni specifiche, confidando nella nostra capacità di ritrovare rapidamente le informazioni online quando necessario. Questo potrebbe avere implicazioni profonde per lo sviluppo della conoscenza a lungo termine e della saggezza.

Effetti sul sonno e sui ritmi circadiani

Uno degli effetti neurologici più pervasivi dello stress digitale riguarda il sonno e i ritmi circadiani. L'esposizione alla luce blu emessa dagli schermi digitali, soprattutto nelle ore serali, può sopprimere la produzione di melatonina, l'ormone che regola il ciclo sonno-veglia.

Le conseguenze vanno ben oltre la semplice difficoltà ad addormentarsi. L'alterazione dei ritmi circadiani può influenzare profondamente la plasticità sinaptica, il processo attraverso il quale il cervello forma e consolida nuove connessioni neurali. Questo può avere ripercussioni significative sulla capacità di apprendimento, sulla memoria e persino sull'umore.

Inoltre, la privazione cronica del sonno, spesso associata all'uso notturno di dispositivi digitali, può portare a una serie di effetti neurologici negativi, tra cui una diminuzione della funzione esecutiva, un aumento della reattività emotiva e persino un maggior rischio di sviluppare disturbi neurodegenerativi a lungo termine.

Impatto sullo sviluppo cerebrale nei giovani

Gli effetti neurologici dello stress digitale sono particolarmente preoccupanti quando si considerano i cervelli in via di sviluppo di bambini e adolescenti. Il cervello umano continua a svilupparsi fino ai vent'anni e oltre, con periodi critici di plasticità durante l'infanzia e l'adolescenza.

L'esposizione eccessiva agli stimoli digitali durante queste fasi cruciali può interferire con lo sviluppo normale di importanti reti neurali. Ad esempio, alcuni studi hanno suggerito che l'uso intensivo di dispositivi digitali nell'infanzia potrebbe influenzare lo sviluppo delle capacità di empatia e di lettura delle emozioni altrui, funzioni che dipendono fortemente dall'interazione faccia a faccia.

Inoltre, l'immersione precoce nel mondo digitale potrebbe influenzare lo sviluppo dell'attenzione sostenuta e delle capacità di autoregolazione, fondamentali per il successo accademico e personale futuro.

Meccanismi di resilienza e adattamento

Nonostante questi effetti potenzialmente negativi, è importante sottolineare la straordinaria capacità di adattamento del cervello umano. La stessa neuroplasticità che rende il nostro cervello vulnerabile allo stress digitale può anche essere la chiave per sviluppare la resilienza.

Alcuni studi hanno dimostrato che, con il giusto allenamento, il cervello può imparare a gestire meglio il flusso di informazioni digitali. Pratiche come la mindfulness e la meditazione, ad esempio, possono rafforzare le reti neurali associate all'attenzione e all'autoregolazione, contrastando alcuni degli effetti negativi dello stress digitale.

Inoltre, l'esposizione controllata e mirata a certi tipi di stimoli digitali può effettivamente migliorare specifiche funzioni cognitive. I videogiochi d'azione, ad esempio, sono stati associati a miglioramenti nella percezione visiva e nella capacità di prendere decisioni rapide.

Verso un futuro di equilibrio digitale

Comprendere gli effetti neurologici dello stress digitale non significa demonizzare la tecnologia. Al contrario, questa conoscenza dovrebbe guidarci verso un uso più consapevole e equilibrato degli strumenti digitali.

Come società, dobbiamo investire nella ricerca per comprendere meglio gli effetti a lungo termine dell'immersione digitale sul cervello umano. Allo stesso tempo, è fondamentale sviluppare strategie educative che insegnino fin dall'infanzia un approccio sano alla tecnologia.

A livello individuale, possiamo adottare pratiche che promuovono la salute cerebrale nell'era digitale: stabilire limiti chiari all'uso dei dispositivi, praticare regolarmente il "digital detox", coltivare attività che stimolano diverse aree cerebrali, e prioritizzare il sonno e le interazioni sociali di qualità.

Il cervello umano è il prodotto di milioni di anni di evoluzione, plasmato per prosperare in un mondo di interazioni faccia a faccia e stimoli naturali. L'era digitale rappresenta una sfida evolutiva senza precedenti. Tuttavia, con consapevolezza, ricerca e pratiche mirate, possiamo guidare la nostra evoluzione neurale verso un futuro in cui la tecnologia potenzi, anziché ostacolare, il nostro straordinario potenziale cerebrale.

In conclusione, lo stress digitale sta lasciando un'impronta profonda sul nostro cervello, alterando strutture, chimica e funzioni in modi che stiamo solo iniziando a comprendere. Ma la storia dell'evoluzione umana è una storia di adattamento. Con la giusta comprensione e approccio, possiamo navigare questa nuova frontiera digitale, sfruttandone i benefici mentre minimizziamo i rischi per la nostra salute neurologica.

CAPITOLO 3: LA PSICOLOGIA DEI SOCIAL MEDIA

IL CONFRONTO SOCIALE E LA RICERCA DI APPROVAZIONE

Nel vasto oceano dei social media, navighiamo costantemente tra le onde del confronto sociale e le correnti della ricerca di approvazione. Questi impulsi, profondamente radicati nella nostra psiche, assumono nuove e talvolta turbolente forme nel contesto digitale.

Immaginate di scrollare il vostro feed Instagram in una tranquilla domenica mattina. Ecco la foto di Marco, il vostro ex compagno di università, che sorride raggiante davanti alla Tour Eiffel. Subito dopo, un selfie di Giulia dalla palestra, con addominali scolpiti e un sorriso trionfante. E poi ancora, l'annuncio di una promozione di Luca, quel ragazzo timido che non avreste mai immaginato potesse fare carriera così velocemente.

In pochi secondi, senza nemmeno rendervene conto, vi ritrovate a confrontare la vostra vita con questi frammenti curati delle vite altrui. La vostra domenica sul divano improvvisamente sembra meno attraente, il vostro corpo meno tonico, la vostra carriera meno brillante. Benvenuti nel vortice del confronto sociale nell'era digitale.

Il confronto sociale non è certo un fenomeno nuovo. Da sempre, noi esseri umani ci siamo misurati con gli altri per capire dove ci posizioniamo nel grande schema delle cose. È un istinto che ci ha aiutato a sopravvivere e a evolverci come specie. Ma i social media hanno amplificato questo meccanismo a livelli senza precedenti.

Pensate a come era la vita prima dell'avvento di Facebook, Instagram o LinkedIn. Il nostro cerchio di confronto era limitato: familiari, amici, colleghi, forse qualche celebrità vista in TV o sulle riviste. Ora, con un semplice tocco sullo schermo, possiamo confrontarci con milioni di persone in tutto il mondo. È come se avessimo improvvisamente accesso a un superpotere, ma senza il manuale di istruzioni su come usarlo responsabilmente.

E non è solo la scala del confronto ad essere cambiata, ma anche la sua natura. Sui social media, siamo esposti a una versione altamente curata e spesso idealizzata della realtà. È come se tutti avessero improvvisamente assunto un abilissimo PR personale, determinato a mostrare solo i momenti migliori, i sorrisi più brillanti, i successi più eclatanti.

Questa esposizione costante a "vite perfette" può avere un impatto profondo sul nostro benessere emotivo. Molti di noi si ritrovano intrappolati in un ciclo di paragoni impossibili, sentendosi costantemente inadeguati o "indietro" rispetto ai propri coetanei. È come partecipare a una gara dove gli altri concorrenti hanno una testa di vantaggio, ma noi non lo sappiamo.

Ma il confronto sociale è solo metà dell'equazione. L'altra metà è la ricerca spasmodica di approvazione che i social media sembrano incoraggiare. Like, cuori, pollici in su: questi semplici simboli sono diventati potenti indicatori del nostro "valore" sociale percepito. Ogni notifica è come una piccola dose di dopamina, il neurotrasmettitore del piacere, che ci fa sentire momentaneamente apprezzati e validati.

Il problema è che questa ricerca di approvazione può diventare una dipendenza vera e propria. Ci ritroviamo a controllare ossessivamente il telefono dopo aver pubblicato qualcosa, ansiosi di vedere quanti like abbiamo ricevuto. Iniziamo a modellare il nostro comportamento online (e talvolta offline) non in base a ciò che ci piace o ci rappresenta veramente, ma in funzione di ciò che pensiamo otterrà più approvazione.

È come se avessimo trasformato la nostra vita in un perpetuo concorso di popolarità, dove il premio è un effimero senso di validazione che svanisce non appena chiudiamo l'app.

Ma non tutto è perduto. La consapevolezza di queste dinamiche è il primo passo verso un uso più sano dei social media. Dobbiamo ricordare a noi stessi che ciò che vediamo online è spesso una rappresentazione parziale e idealizzata della realtà. Dietro ogni foto perfetta c'è una storia che non vediamo, dietro ogni successo ostentato ci sono probabilmente fallimenti e lotte non condivise.

Possiamo iniziare a utilizzare i social media in modo più intenzionale, scegliendo consapevolmente cosa seguire e cosa ignorare. Possiamo decidere di condividere anche i nostri momenti di vulnerabilità, non solo i successi, contribuendo a creare un ambiente online più autentico e meno tossico.

Soprattutto, dobbiamo ricordare che il nostro valore non è determinato dal numero di like che riceviamo o da quanto la nostra vita sembra "instagrammabile". La vera ricchezza sta nelle relazioni autentiche che coltiviamo, nelle esperienze che viviamo, nella crescita personale che sperimentiamo – gran parte della quale accade lontano dagli schermi dei nostri smartphone.

I social media sono strumenti potenti che, se usati con saggezza, possono arricchire le nostre vite e connessioni. Ma dobbiamo imparare a navigare queste acque digitali con consapevolezza, mantenendo sempre una bussola interna che punta verso ciò che è veramente importante per noi, al di là dei like e dei confronti.

In fondo, la vita non è una competizione, ma un viaggio personale. E in questo viaggio, i social media dovrebbero essere una mappa che ci aiuta a esplorare, non una catena che ci trascina verso paragoni impossibili e una ricerca infinita di approvazione.

L'EFFETTO DEI LIKE E DELLE NOTIFICHE SUL BENESSERE MENTALE

Il suono familiare di una notifica rompe il silenzio. Un breve vibrato, un lampo di luce blu. In un istante, il tuo cuore accelera leggermente, una piccola scarica di adrenalina corre nel tuo corpo. Quasi involontariamente, la tua mano si allunga verso lo smartphone. Chi sarà? Un messaggio importante? Un like al tuo ultimo post? O forse quella foto che hai pubblicato un'ora fa sta finalmente ricevendo l'attenzione che speravi?

Questo scenario, così comune nella nostra vita quotidiana, nasconde una complessità psicologica che stiamo solo iniziando a comprendere appieno. I like e le notifiche, questi piccoli segnali digitali apparentemente innocui, hanno il potere di influenzare profondamente il nostro umore, la nostra autostima e, in ultima analisi, il nostro benessere mentale.

Pensiamo a Maria, una giovane professionista di 28 anni. Ogni mattina, ancora prima di alzarsi dal letto, controlla il suo telefono. Il numero di notifiche che vede determina spesso il tono della sua giornata. Un fiume di like al suo ultimo selfie la fa sentire euforica, pronta ad affrontare il mondo con rinnovata fiducia. Al contrario, un post che riceve poca attenzione può gettarla in uno stato di ansia e insicurezza. "Forse non sono abbastanza interessante", si ritrova a pensare, mentre si prepara per andare al lavoro con un sottile senso di disagio che la accompagnerà per ore.

Il caso di Maria non è unico. Milioni di persone in tutto il mondo vivono in questa montagna russa emotiva guidata da like e notifiche. Ma perché questi semplici feedback digitali hanno un tale potere su di noi?

La risposta risiede nelle profondità del nostro cervello, in particolare nel sistema di ricompensa. Ogni volta che riceviamo una notifica, il nostro cervello rilascia una piccola quantità di dopamina, il neurotrasmettitore associato al piacere e alla motivazione. È lo stesso meccanismo che si attiva quando mangiamo del cioccolato, vinciamo a un gioco o riceviamo un complimento faccia a faccia.

Tuttavia, c'è una differenza cruciale. Mentre le interazioni del mondo reale tendono ad avere una certa prevedibilità e regolarità, il flusso di like e notifiche è altamente variabile e imprevedibile. Questa imprevedibilità rende il meccanismo ancora più potente e potenzialmente additivo. È come un gioco d'azzardo emotivo: non sappiamo mai quando arriverà la prossima "vincita" sotto forma di notifica, e questa incertezza ci tiene agganciati, sempre in attesa del prossimo segnale di approvazione.

Consideriamo il caso di Luca, un adolescente di 16 anni. Luca è un ragazzo introverso, che fatica nelle interazioni sociali faccia a faccia. Ma online, su Instagram, si sente più sicuro di sé. Può curare attentamente la sua immagine, scegliendo le foto migliori, pensando a caption accattivanti. Ogni like che riceve è una conferma del suo valore, un segnale che sì, è apprezzato, è visto.

Il problema sorge quando questa ricerca di validazione online inizia a sostituire le interazioni del mondo reale. Luca inizia a misurare il suo valore in base al numero di follower e di like. Le sue emozioni oscillano selvaggiamente in base alle reazioni che riceve online. Un post che non ottiene l'attenzione sperata può scatenare una crisi di autostima che dura giorni.

Questo fenomeno solleva questioni profonde sulla natura dell'autostima nell'era digitale. Stiamo assistendo all'emergere di una generazione la cui percezione di sé è inestricabilmente legata al feedback digitale? E quali sono le implicazioni a lungo termine per la salute mentale?

Gli studi in questo campo sono ancora agli inizi, ma i primi risultati sono preoccupanti. Ricerche recenti hanno mostrato una correlazione tra l'uso intensivo dei social media e l'aumento dei tassi di ansia e depressione, specialmente tra i giovani. La costante esposizione a un flusso di feedback quantificabile sulla propria popolarità e attrattività può creare un terreno fertile per l'insicurezza e il confronto sociale negativo.

Ma non sono solo i giovani a essere colpiti. Pensiamo a Paolo, un uomo di 45 anni, professionista affermato nel mondo offline. Paolo ha sempre basato la sua autostima sui suoi successi lavorativi e sulle sue relazioni personali. Tuttavia, da quando ha iniziato a usare LinkedIn più attivamente, si è ritrovato ossessionato dal numero di connessioni e di "endorsement" che riceve. Un post che non ottiene l'engagement sperato lo fa sentire inadeguato, nonostante i suoi successi tangibili nel mondo reale.

Questo esempio illustra come i meccanismi di feedback dei social media possano distorcere la nostra percezione del successo e del valore personale, sovrapponendo una metrica digitale spesso superficiale a indicatori più sostanziali di realizzazione personale.

Il problema si complica ulteriormente quando consideriamo l'aspetto della dipendenza. Il ciclo di anticipazione-ricompensa creato dalle notifiche può diventare compulsivo. Molte persone riferiscono di controllare il telefono centinaia di volte al giorno, spesso senza una reale necessità, solo per la possibilità di ricevere quel "fix" di dopamina.

Questa compulsione può avere effetti negativi sulla nostra capacità di concentrazione e sulla qualità del nostro sonno. L'anticipazione costante di potenziali notifiche ci mantiene in uno stato di allerta permanente, rendendo difficile rilassarsi completamente o immergersi in attività che richiedono attenzione prolungata.

Tuttavia, sarebbe semplicistico demonizzare completamente i like e le notifiche. Come molti strumenti tecnologici, possono avere anche effetti positivi se usati con consapevolezza. Per alcune persone, specialmente quelle che soffrono di isolamento sociale nel mondo offline, il feedback positivo online può essere una fonte di conforto e connessione.

La chiave sta nell'imparare a gestire questi strumenti in modo sano ed equilibrato. Alcune strategie possono includere:

Stabilire dei limiti temporali per l'uso dei social media, creando spazi nella giornata liberi da notifiche.

Praticare la mindfulness digitale, prestando attenzione alle proprie reazioni emotive quando si ricevono (o non si ricevono) like e notifiche.

Diversificare le fonti di autostima e validazione, assicurandosi di non dipendere eccessivamente dal feedback online.

Utilizzare le impostazioni dei dispositivi e delle app per limitare le notifiche, specialmente quelle non essenziali.

Coltivare relazioni e interessi nel mondo reale che offrano soddisfazione indipendentemente dal riconoscimento online.

In ultima analisi, il rapporto tra like, notifiche e benessere mentale è complesso e altamente individuale. Ciò che per una persona può essere una fonte di stress, per un'altra può essere un piacevole boost di connessione sociale. L'importante è sviluppare una consapevolezza critica di come questi meccanismi ci influenzano personalmente.

Mentre navighiamo in questo nuovo paesaggio digitale, dobbiamo ricordare che la tecnologia dovrebbe essere uno strumento al nostro servizio, non un padrone che controlla le nostre emozioni. I like e le notifiche possono essere piacevoli segnali di connessione e apprezzamento, ma non dovrebbero diventare la misura del nostro valore o la principale fonte della nostra felicità.

Il vero benessere, dopo tutto, deriva da esperienze più profonde e durature: relazioni autentiche, crescita personale, contributi significativi al mondo che ci circonda. Questi sono i "like" che veramente contano, quelli che nessuna notifica può replicare.

Mentre chiudiamo questo capitolo, vi invito a riflettere: la prossima volta che il vostro telefono vibrerà, sarete in grado di resistere all'impulso di controllarlo immediatamente? E se lo farete, sarete consapevoli di come quella piccola notifica influenza il vostro stato d'animo? La consapevolezza è il primo passo verso un rapporto più sano con la tecnologia, e verso un benessere mentale più stabile e autentico nell'era digitale.

PARTE II: STRATEGIE PER RITROVARE L'EQUILIBRIO

CAPITOLO 4: MINDFULNESS E CONSAPEVOLEZZA DIGITALE

INTRODUZIONE ALLA MINDFULNESS NEL CONTESTO TECNOLOGICO.

Eccoci qui, pronti a immergerci nel cuore pulsante del nostro viaggio verso l'equilibrio digitale. Dopo aver esplorato le profondità dell'ansia digitale e i suoi effetti sul nostro cervello, è giunto il momento di rimboccarci le maniche e affrontare la questione di petto. E quale modo migliore per iniziare se non con la mindfulness, quella pratica apparentemente semplice eppure così potente?

Ma attenzione, non fatevi ingannare dal termine alla moda. La mindfulness non è l'ennesima panacea new age né un trucchetto per sentirsi zen mentre si scorrono freneticamente le notifiche. No, amici miei, stiamo parlando di una rivoluzione silenziosa, un'arma segreta contro il caos digitale che ci assedia quotidianamente.

Immaginate di poter premere un pulsante di pausa nella vostra mente, proprio come fareste con un film. Un istante di quiete in mezzo al frastuono incessante di notifiche, email e aggiornamenti di stato. Ecco, la mindfulness è esattamente questo: la capacità di essere pienamente presenti nel momento, osservando i nostri pensieri e le nostre azioni senza giudizio.

Ma come si applica tutto ciò al nostro rapporto con la tecnologia? Beh, pensateci un attimo. Quante volte vi siete ritrovati a controllare il telefono senza nemmeno rendervene conto? O a scorrere la timeline dei social media come zombi, dimenticando completamente cosa stavate cercando in primo luogo? La mindfulness digitale ci invita a spezzare questi automatismi, a riprendere il controllo della nostra attenzione.

Non si tratta di demonizzare la tecnologia, sia chiaro. Sarebbe come incolpare il cibo per la nostra indigestione. Il punto è imparare a utilizzare gli strumenti digitali con intenzione e consapevolezza, anziché lasciarci trascinare passivamente dalla corrente dell'iperconnettività.

Pensate alla vostra mente come a un giardino. La mindfulness è l'arte di coltivare questo giardino, sradicando le erbacce delle distrazioni digitali e nutrendo i fiori della concentrazione e della presenza mentale. Non è un processo immediato, certo. Richiede pazienza, pratica e, sì, anche qualche fallimento lungo il percorso. Ma vi assicuro che i risultati valgono ogni sforzo.

Nei prossimi paragrafi, esploreremo insieme alcune tecniche pratiche per integrare la mindfulness nella nostra vita digitale quotidiana. Preparatevi a scoprire come un semplice respiro consapevole possa trasformare il vostro rapporto con lo smartphone, o come l'osservazione delle vostre abitudini online possa rivelare schemi sorprendenti sul vostro comportamento digitale.

E ricordate: non stiamo cercando la perfezione. L'obiettivo è progredire, non raggiungere un ideale irraggiungibile. Ogni piccolo passo verso una maggiore consapevolezza è una vittoria. Quindi, prendete un respiro profondo, rilassate le spalle (sì, proprio quelle che avete inconsciamente teso mentre leggevate) e prepariamoci a esplorare questo affascinante territorio della mindfulness digitale. La rivoluzione silenziosa sta per iniziare, e voi siete in prima fila.

ESERCIZI PER AUMENTARE LA CONSAPEVOLEZZA DELL'USO DEI DISPOSITIVI

1. Il Diario Digitale: Un Viaggio nell'Autoconsapevolezza

Iniziamo con un esercizio apparentemente semplice ma incredibilmente rivelatore: il diario digitale. Per una settimana, vi invito a tenere traccia di ogni vostra interazione con i dispositivi digitali. Sì, ogni singola occhiata allo smartphone, ogni notifica controllata, ogni minuto trascorso sui social media.

Sembra un'impresa titanica, vero? Eppure, è proprio questa la chiave. La maggior parte di noi non ha idea di quanto tempo trascorra realmente immersa nel mondo digitale. Questo esercizio vi aprirà gli occhi, ve lo garantisco.

Annotate non solo il tempo, ma anche il contesto. Eravate annoiati? Ansiosi? In cerca di una distrazione? E soprattutto, come vi siete sentiti dopo? Più rilassati o più tesi? Queste informazioni sono oro puro per comprendere i vostri schemi comportamentali.

Alla fine della settimana, prendete un momento per riflettere sui dati raccolti. Potreste rimanere sorpresi, forse persino un po' scioccati. Ma non giudicate, osservate semplicemente. Questa consapevolezza è il primo, fondamentale passo verso il cambiamento.

2. La Tecnica del Respiro Consapevole: Un'Ancora nel Mare Digitale

Passiamo ora a un esercizio che potrebbe sembrare fuori luogo in un discorso sulla tecnologia, ma fidatevi di me: il respiro consapevole è uno strumento potentissimo per navigare le acque agitate del mondo digitale.

Ecco come funziona: ogni volta che state per prendere in mano il vostro dispositivo, fermatevi. Prendete tre respiri profondi e consapevoli. Inspirate lentamente contando fino a quattro, trattenetelo per quattro secondi, espirate per quattro secondi. Ripetete tre volte.

Questo breve rituale crea uno spazio di consapevolezza tra lo stimolo (il desiderio di controllare il dispositivo) e la risposta (l'effettiva azione di utilizzarlo). In questo spazio, potete chiedervi: "Ne ho davvero bisogno in questo momento? Qual è la mia intenzione?".

Con la pratica, noterete che molte delle vostre interazioni con i dispositivi sono guidate dall'abitudine piuttosto che dalla necessità. E questa consapevolezza è potere, amici miei.

3. L'Esperimento del Silenzio Digitale: Riscoprire il Mondo Reale

Qui alziamo la posta. Vi sfido a dedicare un'ora al giorno - sì, avete capito bene, un'intera ora - al completo silenzio digitale. Niente smartphone, niente computer, niente televisione. Solo voi e il mondo reale.

All'inizio potrebbe sembrare un'eternità. Potreste sentirvi ansiosi, irrequieti, persino un po' persi. È normale. Stiamo disintossicando il cervello dalla costante stimolazione digitale.

Usate questo tempo per riscoprire attività che non richiedono schermi. Leggete un libro cartaceo, fate una passeggiata, meditate, conversate faccia a faccia con qualcuno. L'obiettivo è riconnettersi con il mondo tangibile e con se stessi.

Tenete un diario di queste esperienze. Come vi siete sentiti durante l'ora di silenzio digitale? E dopo? Avete notato cambiamenti nel vostro umore o nella vostra capacità di concentrazione?

4. La Sfida della Notifica Consapevole: Riprendere il Controllo dell'Attenzione

Le notifiche sono i campanelli di Pavlov dell'era digitale. Ci condizionano a reagire immediatamente, interrompendo il flusso della nostra attenzione. È ora di riprendere il controllo.

Per una settimana, disattivate tutte le notifiche non essenziali. Sì, tutte. Social media, email non urgenti, app di notizie. Lasciate solo quelle veramente cruciali per il vostro lavoro o la vostra sicurezza.

Invece di reagire passivamente alle notifiche, stabilite dei momenti specifici della giornata per controllare attivamente le vostre app. Potrebbe essere ogni due ore, o tre volte al giorno. L'importante è che siate voi a decidere quando dedicare la vostra attenzione al mondo digitale, non viceversa.

Osservate come cambia la vostra giornata. Vi sentite meno frammentati? Più capaci di concentrarvi su un compito alla volta? Annotate le vostre osservazioni.

5. L'Arte della Disconnessione Graduale: Un Percorso verso la Libertà Digitale

Infine, propongo un esercizio più a lungo termine: la disconnessione graduale. L'obiettivo è ridurre progressivamente il tempo trascorso sui dispositivi, sostituendolo con attività offline significative.

Iniziate identificando un'abitudine digitale che vorreste modificare. Potrebbe essere il controllo compulsivo dei social media prima di andare a letto, o l'abitudine di guardare video durante i pasti.

Ora, create un piano per ridurre gradualmente questa abitudine. Se controllate i social 10 volte al giorno, iniziate riducendo a 8, poi a 6, e così via. Sostituite questo tempo con un'attività offline che vi arricchisca: leggere, scrivere, fare esercizio, parlare con un amico.

Il punto chiave è la gradualità. Non si tratta di tagliare drasticamente, ma di creare nuove abitudini sostenibili nel tempo.

Documentate questo percorso. Celebrate i piccoli successi, riflettete sulle sfide. Come cambia la vostra relazione con la tecnologia? E, cosa ancora più importante, come cambia la vostra relazione con voi stessi e con gli altri?

Ricordate, questi esercizi non sono una gara. Non si tratta di diventare eremiti digitali, ma di sviluppare una relazione più consapevole e equilibrata con la tecnologia. Siate pazienti con voi stessi, sperimentate, trovate ciò che funziona per voi.

La consapevolezza digitale è un viaggio, non una destinazione. E come ogni buon viaggio, è pieno di scoperte, sfide e, sì, anche qualche deviazione inaspettata. Ma vi assicuro che ogni passo su questo cammino vi porterà più vicini a una vita digitale più ricca, consapevole e, in definitiva, più umana.

CAPITOLO 5: DETOX DIGITALE

COME EFFETTUARE UNA DISINTOSSICAZIONE TECNOLOGICA

Ah, il detox digitale. Suona come una di quelle espressioni alla moda che si leggono sulle riviste patinate, vero? Eppure, amici miei, vi assicuro che dietro questo termine apparentemente trendy si nasconde una pratica potente e trasformativa. Ma prima di tuffarci a capofitto in questo processo, facciamo un passo indietro e riflettiamo un momento.

Viviamo in un'epoca in cui la tecnologia permea ogni aspetto della nostra esistenza. Dai nostri smartphone che ci svegliano al mattino, ai computer su cui lavoriamo, fino ai tablet su cui leggiamo prima di andare a dormire, siamo costantemente immersi in un flusso incessante di informazioni digitali. È come nuotare in un oceano di dati, e a volte, ammettiamolo, ci sentiamo sul punto di annegare.

Il detox digitale non è un rifiuto totale della tecnologia. Sarebbe come cercare di fermare la marea con le mani. No, si tratta piuttosto di riequilibrare la nostra relazione con il mondo digitale, di riprendere il controllo invece di essere controllati.

Ma come si fa, concretamente, a intraprendere questo percorso di disintossicazione? Beh, non esiste una ricetta unica, valida per tutti. Ognuno di noi ha una relazione diversa con la tecnologia, e quindi avrà bisogno di un approccio personalizzato. Tuttavia, posso offrirvi alcune linee guida, dei punti di partenza da cui iniziare il vostro viaggio verso una vita digitale più equilibrata.

Iniziamo con quello che io chiamo "il digiuno digitale

progressivo". L'idea è di iniziare con periodi brevi di disconnessione, aumentandoli gradualmente nel tempo. Potreste cominciare con un'ora al giorno senza dispositivi elettronici. Sembra poco? Fidatevi, per molti di noi abituati a controllare lo smartphone ogni cinque minuti, può essere una vera sfida.

Durante questa ora, dedicatevi a un'attività che non coinvolga schermi. Leggete un libro cartaceo, fate una passeggiata, meditate, conversate faccia a faccia con qualcuno. L'obiettivo è riconnettersi con il mondo tangibile e con se stessi.

Man mano che vi sentite più a vostro agio con questo periodo di disconnessione, aumentatelo gradualmente. Due ore, poi mezza giornata, fino ad arrivare a un intero weekend senza tecnologia. Sì, avete letto bene: un intero fine settimana. Suona come una follia? Forse, ma vi assicuro che può essere un'esperienza incredibilmente liberatoria.

Un altro aspetto fondamentale del detox digitale è la creazione di "zone franche" nella vostra vita quotidiana. Identificate dei momenti o dei luoghi in cui la tecnologia è bandita. Potrebbe essere la camera da letto, per favorire un sonno migliore. O potrebbe essere durante i pasti, per riscoprire il piacere della conversazione e della connessione umana.

Ma attenzione: il detox digitale non riguarda solo la quantità di tempo che trascorriamo online, ma anche la qualità di questo tempo. È qui che entra in gioco quello che io chiamo "consumo digitale consapevole".

Iniziate a esaminare criticamente le vostre abitudini online. Quali app, siti web o attività digitali vi lasciano davvero soddisfatti e arricchiti? E quali, invece, vi fanno sentire svuotati, ansiosi o insoddisfatti? Siate onesti con voi stessi. Forse scoprirete che quell'ora quotidiana su Instagram non vi sta realmente arricchendo la vita come pensavate.

Una volta identificate le attività digitali che non vi servono, iniziate a eliminarle o ridurle drasticamente. Sostituitele con alternative più costruttive, online o offline. Magari al posto di scorrere infinitamente il feed di notizie, potreste dedicare quel tempo a imparare una nuova abilità tramite un corso online, o a leggere un articolo di approfondimento su un argomento che vi appassiona.

Un altro aspetto cruciale del detox digitale è la gestione delle notifiche. Queste piccole interruzioni costanti frantumano la nostra attenzione e ci mantengono in uno stato di allerta permanente. Provate a disattivare tutte le notifiche non essenziali. Sì, tutte. Il mondo non finirà se non rispondete immediatamente a ogni email o messaggio.

Infine, voglio parlarvi di quello che considero il Santo Graal del detox digitale: la vacanza completamente offline. Una settimana, o anche solo qualche giorno, di totale disconnessione. Niente email, niente social media, niente smartphone. Solo voi, le persone care, e il mondo reale.

So cosa state pensando: "Impossibile! Non posso disconnettermi completamente!". Vi capisco, credetemi. La prima volta che l'ho fatto, mi sentivo come se mi avessero amputato un arto. Ma vi assicuro che dopo il panico iniziale, subentra una sensazione di libertà e presenza che è difficile descrivere a parole.

Tornando da una vacanza offline, vi sentirete rinnovati, più concentrati, più connessi con voi stessi e con gli altri. E scoprirete che il mondo è sopravvissuto benissimo senza di voi online per qualche giorno.

Ricordate, il detox digitale non è una punizione. Non si tratta di privarsi della tecnologia, ma di riappropriarsi del proprio tempo e della propria attenzione. È un regalo che fate a voi stessi, un'opportunità per riscoprire il piacere delle esperienze dirette, non mediate da uno schermo.

Certo, non sarà sempre facile. Ci saranno momenti di noia, di irrequietezza, persino di ansia. Ma è proprio in questi momenti che avviene la vera crescita. Resistete alla tentazione di ricorrere al vostro smartphone come a un salvagente. Respirate. Osservate queste sensazioni senza giudicarle. Passeranno.

Il detox digitale è un viaggio, non una destinazione. Non si tratta di raggiungere uno stato di purezza tecnologica, ma di sviluppare una relazione più sana e consapevole con il mondo digitale. Siate pazienti con voi stessi. Celebrate i piccoli successi. E ricordate, ogni volta che scegliete di disconnettervi, state facendo un regalo al vostro cervello e alla vostra anima.

Quindi, cari lettori, siete pronti a intraprendere questo viaggio? A riscoprire il piacere di una conversazione faccia a faccia, il gusto di un libro cartaceo, la meraviglia di un tramonto osservato senza il filtro di Instagram? Il mondo reale vi sta aspettando, in tutta la sua bellezza imperfetta e non filtrata. È tempo di disconnettersi per riconnettersi. Buon viaggio!

CREARE ABITUDINI SANE CON I DISPOSITIVI

Dopo aver affrontato il detox digitale, è fondamentale costruire un rapporto più equilibrato e salutare con la tecnologia. Non si tratta di demonizzare i nostri dispositivi, ma di imparare a utilizzarli in modo consapevole e produttivo. Vediamo insieme come possiamo creare abitudini sane che ci permettano di sfruttare al meglio i benefici della tecnologia senza caderne schiavi.

Iniziamo con quella che io chiamo "la regola del perché". Prima di prendere in mano il vostro smartphone o di aprire il laptop, fermatevi un secondo e chiedetevi: "Perché lo sto facendo?". Sembra banale, ma vi assicuro che questa semplice domanda può fare miracoli. Quante volte ci ritroviamo a scorrere il feed di un social network senza un vero motivo, solo per abitudine o noia? La regola del perché vi aiuta a essere più intenzionali nell'uso dei vostri dispositivi.

Passiamo ora a quello che definisco "il budget digitale". Così come gestiamo il nostro denaro, dovremmo imparare a gestire il nostro tempo online. Stabilite dei limiti quotidiani per le varie attività digitali. Ad esempio, potreste decidere di dedicare non più di 30 minuti al giorno ai social media, un'ora alla lettura di notizie online, e così via. Ci sono diverse app che possono aiutarvi a tracciare e limitare il tempo trascorso sui vari dispositivi e applicazioni. Usatele, ma ricordate: l'obiettivo non è diventare ossessionati dal tempo, ma essere più consapevoli di come lo spendiamo.

Un'altra abitudine fondamentale è quella che chiamo "igiene digitale". Così come ci prendiamo cura della nostra igiene personale quotidianamente, dovremmo fare lo stesso con i nostri dispositivi. Dedicate del tempo regolarmente a ripulire il vostro spazio digitale. Disinstallate le app che non usate, organizzate i vostri file, svuotate la casella email. Un ambiente digitale ordinato contribuisce a ridurre lo stress e aumentare la produttività.

Parliamo ora di quella che definisco "la dieta informativa". Siamo costantemente bombardati da informazioni, molte delle quali irrilevanti o addirittura nocive per il nostro benessere mentale. È tempo di diventare più selettivi. Scegliete con cura le vostre fonti di informazione. Iscrivetevi a newsletter di qualità invece di scorrere infinitamente i feed di notizie. Utilizzate aggregatori di notizie per filtrare i contenuti in base ai vostri interessi reali. Ricordate: non tutto ciò che accade nel mondo richiede la vostra immediata attenzione.

Un'abitudine particolarmente importante è quella che chiamo "il rituale della disconnessione". Create una routine serale per disconnettervi gradualmente. Potrebbe includere l'attivazione della modalità "non disturbare" sul vostro telefono un'ora prima di andare a letto, la lettura di un libro cartaceo, o una breve sessione di meditazione. Questo rituale segnala al vostro cervello che è ora di rallentare e prepararsi al riposo, migliorando la qualità del vostro sonno.

Passiamo ora a un'abitudine che può sembrare controintuitiva: "l'uso attivo della tecnologia". Troppo spesso utilizziamo i nostri dispositivi in modo passivo, consumando contenuti senza reale coinvolgimento. Sforzatevi invece di utilizzare la tecnologia in modi che stimolino la vostra creatività e produttività. Scrivete un blog, create contenuti digitali, imparate una nuova abilità attraverso corsi online. Trasformate i vostri dispositivi da fonti di distrazione in strumenti di crescita personale.

Un'altra abitudine fondamentale è quella che definisco "la pausa di riflessione digitale". Una volta alla settimana, prendetevi del tempo per riflettere sul vostro rapporto con la tecnologia. Come vi siete sentiti usando i vostri dispositivi questa settimana? Ci sono stati momenti in cui la tecnologia ha arricchito la vostra vita? Momenti in cui vi ha fatto sentire ansiosi o sopraffatti? Questa pratica di auto-riflessione vi aiuterà a rimanere consapevoli e a fare aggiustamenti quando necessario.

Introduciamo ora il concetto di "spazi sacri digitali". Identificate aree della vostra vita o momenti della giornata in cui la tecnologia è completamente bandita. Potrebbe essere la camera da letto, il tavolo da pranzo, o la prima ora dopo il risveglio. Questi spazi sacri vi permettono di riconnettervi con voi stessi e con gli altri senza distrazioni digitali.

Un'abitudine spesso trascurata è quella che chiamo "manutenzione digitale". Proprio come facciamo la manutenzione della nostra auto o della nostra casa, dovremmo fare lo stesso con i nostri dispositivi. Aggiornate regolarmente il software, eseguite scansioni antivirus, fate il backup dei vostri dati. Un dispositivo ben mantenuto funziona meglio e vi causa meno stress.

Infine, voglio parlarvi di un'abitudine che considero cruciale: "l'empatia digitale". È facile dimenticare che dietro ogni schermo c'è un essere umano. Sforzatevi di portare gentilezza e comprensione nelle vostre interazioni online. Pensate due volte prima di pubblicare un commento negativo. Utilizzate la tecnologia per rafforzare le connessioni umane, non per erigere barriere.

Ricordate, creare nuove abitudini richiede tempo e pazienza. Non aspettatevi di rivoluzionare il vostro rapporto con la tecnologia dall'oggi al domani. Iniziate con piccoli cambiamenti e costruite da lì. Celebrate i successi, per quanto piccoli possano sembrare.

E non dimenticate mai che la tecnologia è uno strumento, non un fine. L'obiettivo è utilizzare i nostri dispositivi in modi che arricchiscano le nostre vite, non che le dominino. Con pratica e consapevolezza, possiamo imparare a navigare il mondo digitale con grazia ed equilibrio, sfruttando i suoi benefici senza caderne vittime.

In conclusione, creare abitudini sane con i dispositivi è un viaggio continuo di auto-scoperta e adattamento. Non esiste una formula magica che funzioni per tutti. Sperimentate, osservate, adattate. E ricordate sempre di essere gentili con voi stessi nel processo. La tecnologia è qui per restare, ma sta a noi decidere come integrarla nelle nostre vite in modo che ci serva, invece di asservirci.

Quindi, cari lettori, siete pronti a riprogrammare la vostra relazione con la tecnologia? A trasformare i vostri dispositivi da potenziali fonti di stress in alleati per una vita più ricca e consapevole? Il viaggio inizia con un singolo clic, o forse, in questo caso, con la decisione di non cliccare affatto. Buona fortuna!

CAPITOLO 6: GESTIONE DEL TEMPO E DELLE PRIORITÀ

TECNICHE PER ORGANIZZARE IL TEMPO ED EVITARE IL MULTITASKING

Ah, il tempo. Quella risorsa preziosa che sembra sempre sfuggirci tra le dita, soprattutto nell'era digitale. Vi siete mai ritrovati a fine giornata chiedendovi dove siano volate le ore? O peggio, con la sensazione di aver lavorato tutto il giorno senza aver concluso nulla di significativo? Se è così, non siete soli.

Il problema non è tanto la mancanza di tempo, quanto la nostra incapacità di gestirlo efficacemente. E il colpevole numero uno? Il famigerato multitasking. Sapete, quella cosa che facciamo quando rispondiamo alle email mentre siamo in una conference call, scrolliamo i social durante una riunione, o tentiamo di scrivere un report mentre chiacchieriamo con un collega. Pensiamo di essere efficienti, ma in realtà stiamo sabotando la nostra produttività.

Contrariamente a quanto si possa credere, il cervello umano non è progettato per il multitasking. Quello che facciamo in realtà è passare rapidamente da un compito all'altro, un processo che gli psicologi chiamano "task-switching". E indovinate un po'? Questo continuo saltare da un'attività all'altra è incredibilmente dispendioso in termini di energia mentale e tempo.

Ma non temete, non tutto è perduto. Esistono tecniche efficaci per organizzare il nostro tempo e dire addio al multitasking. Vediamone alcune insieme.

Iniziamo con la tecnica del Pomodoro. No, non sto parlando

di cucina italiana, ma di un metodo di gestione del tempo sviluppato da Francesco Cirillo negli anni '80. Il concetto è semplice: lavorate concentrati su un singolo compito per 25 minuti (chiamati "pomodori"), seguiti da una pausa di 5 minuti. Dopo quattro "pomodori", fate una pausa più lunga di 15-30 minuti.

Questa tecnica funziona per diversi motivi. In primo luogo, 25 minuti sono abbastanza brevi da non sembrare intimidatori, ma sufficientemente lunghi per fare progressi significativi. In secondo luogo, le pause regolari permettono al cervello di ricaricarsi, aumentando la produttività complessiva. Infine, la struttura rigida aiuta a combattere la procrastinazione e le distrazioni.

Passiamo ora alla tecnica delle "tre cose più importanti". Ogni mattina, prima di iniziare la giornata lavorativa, identificate le tre attività più cruciali che dovete completare. Non dieci, non cinque, solo tre. Queste sono le vostre priorità assolute. Concentratevi su queste prima di tutto il resto. È sorprendente quanto questa semplice pratica possa aumentare la vostra produttività e il vostro senso di realizzazione.

Un'altra tecnica potente è quella dei "blocchi di tempo". Invece di saltare da un'attività all'altra in base agli stimoli esterni (email in arrivo, notifiche, colleghi che vi interrompono), strutturate la vostra giornata in blocchi dedicati a specifiche attività. Ad esempio, potreste dedicare le prime due ore del mattino alla scrittura di quel report importante, poi un'ora per rispondere alle email, seguita da un blocco per le riunioni, e così via.

Questa tecnica vi permette di sfruttare al massimo i vostri ritmi naturali di produttività. Molte persone, ad esempio, sono più creative e concentrate al mattino. Perché non sfruttare queste ore d'oro per i compiti che richiedono maggiore attenzione e creatività?

Ora, so cosa state pensando: "Suona bene in teoria, ma come faccio con tutte le interruzioni impreviste?". Ecco dove entra in gioco la tecnica del "tempo di buffer". Lasciate deliberatamente dei buchi nel vostro programma per gestire gli imprevisti. Questo vi darà la flessibilità di affrontare le emergenze senza mandare all'aria tutta la vostra pianificazione.

Un'altra tecnica che adoro è quella che chiamo "il metodo delle due liste". Alla fine di ogni giornata, create due liste: una con le cose che avete completato (la vostra lista dei successi) e una con le cose da fare il giorno successivo. Questo vi permette di andare a dormire con un senso di realizzazione e di iniziare la nuova giornata con chiarezza e direzione.

Parliamo ora di una delle mie tecniche preferite: "l'ora del focus profondo". Ogni giorno, dedicate almeno un'ora al lavoro profondamente concentrato, senza distrazioni di alcun tipo. Spegnete il telefono, chiudete la porta dell'ufficio (o mettete le cuffie se lavorate in uno spazio aperto), disattivate tutte le notifiche. Usate quest'ora per affrontare il vostro compito più impegnativo o importante. Vi sorprenderà quanto possiate realizzare in soli 60 minuti di concentrazione intensa.

Infine, non possiamo parlare di gestione del tempo senza menzionare l'importanza di saper dire di no. Ogni volta che dite sì a qualcosa, state implicitamente dicendo no a qualcos'altro. Imparate a valutare attentamente ogni richiesta del vostro tempo. È veramente importante? Si allinea con le vostre priorità? Se la risposta è no, imparate a declinare gentilmente ma fermamente.

Ricordate, l'obiettivo di tutte queste tecniche non è diventare robot super efficienti, ma creare spazio nella nostra vita per le cose che contano davvero. La vera produttività non si misura in ore lavorate o in compiti spuntati da una lista, ma nella qualità del lavoro prodotto e nella soddisfazione che ne deriva.

Implementare queste tecniche richiederà pratica e pazienza. Non scoraggiatevi se all'inizio farete fatica. Il vostro cervello è abituato al caos del multitasking e ci vorrà del tempo per riadattarsi. Ma vi assicuro che i benefici valgono lo sforzo.

Immaginate di arrivare a fine giornata con la sensazione di aver veramente realizzato qualcosa di significativo. Di aver fatto progresso verso i vostri obiettivi più importanti. Di avere ancora energia per godervi la serata con i vostri cari, invece di sentirvi esausti e svuotati.

Questa non è un'utopia irraggiungibile. Con le giuste tecniche e un po' di disciplina, può diventare la vostra nuova normalità. Quindi, cari lettori, siete pronti a riprendere il controllo del vostro tempo? A dire addio al multitasking e abbracciare una vita più produttiva e soddisfacente? Il viaggio inizia ora, un pomodoro alla volta.

STRUMENTI PER AUMENTARE LA PRODUTTIVITÀ SENZA STRESS

Dopo aver esplorato le tecniche per gestire il nostro tempo in modo più efficace, è ora di esaminare gli strumenti concreti che possono aiutarci a metterle in pratica. Ma attenzione: l'obiettivo qui non è aggiungere ulteriore complessità alla nostra vita digitale già frenetica. Al contrario, vogliamo sfruttare la tecnologia per semplificare, non per complicare.

Partiamo con gli strumenti di gestione delle attività. Trello è uno dei miei preferiti. Immaginate una lavagna virtuale dove potete organizzare i vostri progetti in colonne e schede. È come avere post-it digitali che potete spostare, etichettare e condividere con il vostro team. La bellezza di Trello sta nella sua semplicità visiva: con un'occhiata potete vedere lo stato di avanzamento dei vostri progetti.

Per chi preferisce un approccio più lineare, Todoist è un'ottima alternativa. Vi permette di creare liste di cose da fare, organizzarle per progetto o contesto, e impostare scadenze e priorità. La sua funzione di "karma" che vi premia per il completamento delle attività aggiunge un elemento di gamification che può essere sorprendentemente motivante.

Passiamo ora agli strumenti per il blocco delle distrazioni. Freedom è un'app potente che vi permette di bloccare l'accesso a siti web e app distraenti per periodi di tempo prestabiliti. Immaginate di poter "spegnere" Facebook o Twitter per un'ora mentre lavorate su quel progetto importante. Sembra drastico? Forse, ma può fare miracoli per la vostra concentrazione.

Per chi trova difficile staccarsi dal proprio smartphone, Forest è un'app geniale. Il concetto è semplice: impostate un timer e l'app pianta un albero virtuale. Se interrompete la sessione per controllare il telefono, l'albero muore. Nel tempo, costruirete una foresta virtuale, un simbolo tangibile del vostro impegno per la produttività. E la cosa migliore? L'azienda pianta alberi veri in base al vostro utilizzo dell'app.

Parliamo ora di strumenti per il lavoro di squadra. Slack è diventato quasi sinonimo di comunicazione aziendale moderna. Permette di organizzare le conversazioni in canali tematici, riducendo il caos delle email e facilitando la collaborazione. Ma attenzione: Slack può diventare una fonte di distrazione se non gestito correttamente. Usatelo con saggezza.

Per la gestione dei progetti più complessi, Asana è uno strumento potente. Vi permette di suddividere i progetti in attività, assegnare responsabilità, impostare scadenze e monitorare i progressi. La sua interfaccia intuitiva rende facile vedere chi sta facendo cosa e quando.

Non possiamo parlare di produttività senza menzionare gli strumenti per prendere appunti. Evernote è un classico in questo campo. Vi permette di catturare idee, scrivere note, salvare pagine web e organizzare il tutto in taccuini digitali. La sua funzione di ricerca è particolarmente potente: potete trovare qualsiasi cosa abbiate salvato, anche se è in un'immagine o in un documento scritto a mano.

Per chi preferisce un approccio più minimalista, Bear è un'alternativa elegante. La sua interfaccia pulita e il supporto per il markdown lo rendono ideale per scrivere senza distrazioni.

Passiamo ora a uno strumento che molti sottovalutano: un buon timer. Sembra banale, ma per implementare tecniche come il Pomodoro, avere un timer dedicato può fare la differenza. Marinara Timer è un'opzione web gratuita che offre vari preset, incluso il Pomodoro.

Per chi lavora molto con i documenti, strumenti di collaborazione come Google Docs o Microsoft Office 365 sono essenziali. La possibilità di lavorare simultaneamente sullo stesso documento con i colleghi può risparmiare ore di scambio di email e versioni conflittuali.

Infine, non sottovalutate l'importanza di un buon strumento per la gestione delle password. LastPass o 1Password non solo aumentano la vostra sicurezza online, ma vi fanno risparmiare tempo prezioso eliminando la necessità di ricordare e digitare decine di password diverse.

Ora, un avvertimento: questi strumenti sono potenti, ma ricordate che sono solo mezzi per raggiungere un fine. Non cadete nella trappola di passare più tempo a organizzare il vostro lavoro che a farlo effettivamente. L'obiettivo è semplificare, non complicare.

Inoltre, non sentitevi in dovere di adottare tutti questi strumenti contemporaneamente. Iniziate con uno o due che sembrano più adatti alle vostre esigenze. Sperimentate, adattateli al vostro flusso di lavoro, e solo quando li avrete integrati completamente, considerate di aggiungerne altri.

Ricordate sempre che la tecnologia dovrebbe lavorare per voi, non viceversa. Se vi ritrovate stressati o sopraffatti da uno strumento, forse non è quello giusto per voi. Non abbiate paura di abbandonare ciò che non funziona e di cercare alternative.

In conclusione, gli strumenti giusti possono davvero fare la differenza nella vostra produttività. Ma la vera magia accade quando li combinate con le tecniche di gestione del tempo che abbiamo discusso prima e, soprattutto, con una mentalità focalizzata e consapevole.

Quindi, cari lettori, siete pronti a potenziare la vostra produttività con questi strumenti? Ricordate: l'obiettivo non è lavorare di più, ma lavorare meglio. Con gli strumenti giusti al vostro fianco, potrete navigare il mare della produttività con grazia ed efficienza, lasciando lo stress sulla riva. Buona navigazione!

CAPITOLO 7: AMBIENTE FISICO E MENTALE

CREARE SPAZI LIBERI DALLA TECNOLOGIA

Nel nostro viaggio verso un rapporto più sano con la tecnologia, siamo giunti a un capitolo cruciale: la creazione di spazi liberi dalla tecnologia. Può sembrare un concetto radicale nell'era digitale, ma vi assicuro che è una pratica fondamentale per il nostro benessere mentale e fisico.

Immaginate per un momento di entrare in una stanza dove non c'è nemmeno l'ombra di uno schermo. Niente smartphone che vibrano, niente computer che ronzano, niente televisori che lampeggiano. Solo silenzio e spazio. Come vi fa sentire questa immagine? Per alcuni potrebbe essere inquietante, per altri liberatoria. In ogni caso, è un'esperienza sempre più rara nel mondo moderno.

Ma perché dovremmo creare questi spazi? La risposta è semplice: il nostro cervello ha bisogno di pause dalla costante stimolazione digitale. Studi hanno dimostrato che l'esposizione continua alla tecnologia può aumentare i livelli di stress, ridurre la capacità di concentrazione e persino influenzare negativamente la qualità del nostro sonno. Creando zone libere dalla tecnologia, offriamo al nostro cervello l'opportunità di riposarsi, rigenerarsi e, paradossalmente, diventare più produttivo quando torniamo al lavoro.

Iniziamo con la camera da letto. Questo dovrebbe essere il primo spazio da liberare dalla tecnologia. Il motivo è semplice: il sonno è fondamentale per la nostra salute fisica e mentale, e la tecnologia è uno dei suoi peggiori nemici. La luce blu emessa dagli schermi interferisce con la produzione di melatonina, l'ormone del sonno, rendendo più difficile addormentarsi e compromettendo la qualità del riposo.

Ecco alcuni passi concreti per creare una camera da letto libera dalla tecnologia:

1. Bandite gli smartphone dal comodino. Sì, so che molti di voi li usano come sveglia. Investite in una vera sveglia analogica o digitale (senza Wi-Fi, ovviamente).

2. Niente televisori in camera da letto. Questo potrebbe essere difficile per alcuni, ma fidatevi: la vostra qualità del sonno migliorerà notevolmente.

3. Se proprio dovete avere dispositivi elettronici in camera, create una "stazione di ricarica" lontano dal letto. Meglio ancora se in un'altra stanza.

4. Stabilite una regola di "no tecnologia" almeno un'ora prima di andare a letto. Usate questo tempo per leggere un libro, meditare o conversare con il vostro partner.

Passiamo ora alla cucina e alla sala da pranzo. Questi spazi sono tradizionalmente luoghi di connessione umana, di conversazioni e di condivisione. Eppure, quante volte ci ritroviamo a mangiare con lo smartphone in mano o davanti alla TV? Liberare questi spazi dalla tecnologia può avere un impatto profondo sulle nostre relazioni e sul nostro rapporto con il cibo.

Ecco alcune idee:

1. Dichiarate i pasti "momenti senza tecnologia". Niente telefoni, tablet o TV durante i pasti familiari.

2. Create un "cesto della tecnologia" all'ingresso della cucina o della sala da pranzo. Tutti i dispositivi vanno depositati lì prima di sedersi a tavola.

3. Se vivete da soli, resistete alla tentazione di mangiare davanti al computer o alla TV. Trasformate i pasti in un momento di mindfulness, concentrandovi sul gusto e sulla texture del cibo.

4. Considerate l'idea di avere una radio in cucina per la musica o le notizie, piuttosto che uno schermo.

Un altro spazio che beneficia enormemente dall'assenza di tecnologia è l'area dedicata al relax e alla creatività. Che si tratti di un angolo lettura, di uno studio o di uno spazio per gli hobby, questi luoghi dovrebbero essere santuari di tranquillità e ispirazione.

Ecco come potete procedere:

1. Designate un'area specifica della casa come "zona creativa libera dalla tecnologia". Potrebbe essere un angolo del soggiorno, una stanza degli ospiti inutilizzata o persino un ripostiglio riconvertito.

2. Arredate questo spazio con elementi che stimolano la creatività e il relax: libri, quaderni, materiali artistici, piante, una comoda poltrona.

3. Se usate questo spazio per leggere, optate per libri cartacei o un e-reader senza connessione internet.

4. Considerate l'idea di appendere un cartello che ricordi a voi e agli altri che questa è una "zona libera dalla tecnologia".

Non dimentichiamoci degli spazi esterni. Che si tratti di un giardino, di un balcone o di un parco nelle vicinanze, la natura offre un'opportunità perfetta per disconnettersi dalla tecnologia e riconnettersi con il mondo naturale.

Alcune idee:

1. Designate il vostro spazio esterno come area "tech-free". Lasciate i dispositivi in casa quando uscite in giardino o sul balcone.

2. Organizzate attività all'aperto che non richiedono tecnologia: giardinaggio, lettura, meditazione, yoga.

3. Se fate passeggiate o escursioni, provate a lasciarvi il telefono a casa (o almeno tenetelo spento nello zaino, da usare solo in caso di emergenza).

4. Incoraggiate i bambini a giocare all'aperto senza dispositivi elettronici. Riscoprite giochi tradizionali o inventatene di nuovi.

Ora, so cosa state pensando: "Suona bello, ma è realistico nel mondo di oggi?". La risposta è sì, con un po' di impegno e creatività. Non si tratta di eliminare completamente la tecnologia dalla nostra vita, ma di creare degli spazi e dei momenti in cui possiamo esistere senza di essa.

Iniziate gradualmente. Magari cominciate con una sola stanza o area della casa. Osservate come vi fa sentire. Notate i cambiamenti nel vostro umore, nella vostra concentrazione, nelle vostre relazioni. Con il tempo, potreste scoprire di voler espandere queste zone libere dalla tecnologia.

Ricordate, l'obiettivo non è demonizzare la tecnologia, ma creare un equilibrio sano. Questi spazi liberi dalla tecnologia diventano oasi di calma in un mondo sempre connesso, luoghi dove possiamo ritrovare noi stessi, coltivare le nostre relazioni e ricaricare le nostre energie mentali.

Infine, non sottovalutate il potere dell'esempio. Creando questi spazi e rispettandoli, state inviando un messaggio potente a chi vi circonda, specialmente ai bambini. State dimostrando che è possibile, e anzi desiderabile, vivere momenti della nostra giornata senza essere costantemente connessi.

In conclusione, creare spazi liberi dalla tecnologia non è un lusso, ma una necessità nel mondo moderno. È un atto di auto-cura, un modo per riaffermare il nostro controllo sul nostro tempo e sulla nostra attenzione. È un invito a riscoprire il piacere delle interazioni faccia a faccia, della quiete, della contemplazione.

Quindi, cari lettori, siete pronti a creare i vostri santuari liberi dalla tecnologia? A riscoprire il piacere di una conversazione senza interruzioni, di un pasto gustato con piena attenzione, di una notte di sonno profondo e ristoratore? Il viaggio inizia con un singolo spazio, un singolo momento. E vi assicuro, ne varrà la pena.

L'IMPORTANZA DEL RIPOSO E DEL SONNO DI QUALITÀ

Ah, il sonno. Quel meraviglioso stato di incoscienza che occupava gran parte della nostra vita da bambini e che ora, da adulti, sembra sfuggirci come sabbia tra le dita. Eppure, amici miei, il sonno non è un lusso o una perdita di tempo. È un pilastro fondamentale della nostra salute fisica e mentale, un alleato insostituibile nella nostra lotta contro lo stress digitale.

Permettetemi di essere chiaro: stiamo vivendo un'epidemia di privazione del sonno. In un mondo che glorifica la produttività 24/7, il sonno è spesso visto come un ostacolo, qualcosa da minimizzare per "fare di più". Niente di più sbagliato. La verità è che un sonno di qualità ci permette di fare di più, e di farlo meglio.

Ma cos'è esattamente un sonno di qualità? Non si tratta solo di quantità, anche se le famose 7-9 ore a notte sono un buon punto di partenza. La qualità del sonno si misura in cicli completi, in fasi profonde di riposo in cui il nostro cervello elabora le informazioni della giornata, consolida i ricordi e, letteralmente, si pulisce dalle tossine accumulate.

Ora, immagino che alcuni di voi stiano pensando: "Facile a dirsi, ma io non riesco a dormire bene!". Vi capisco. Lo stress, le preoccupazioni, e sì, la tecnologia, possono rendere difficile ottenere un sonno ristoratore. Ma non temete, ci sono strategie concrete che possiamo adottare per migliorare la qualità del nostro riposo.

Innanzitutto, parliamo di igiene del sonno. No, non sto suggerendo di fare la doccia prima di andare a letto (anche se non fa male). L'igiene del sonno si riferisce a un insieme di pratiche che favoriscono un buon riposo. Ecco alcuni punti chiave:

1. Mantenete un orario regolare. Cercate di andare a letto e svegliarvi più o meno alla stessa ora ogni giorno, anche nei weekend. Il vostro orologio biologico vi ringrazierà.

2. Create un rituale serale. Un bagno caldo, una tisana rilassante, un po' di lettura leggera... qualsiasi cosa vi aiuti a segnalare al cervello che è ora di rallentare.

3. Rendete la vostra camera da letto un santuario del sonno. Temperatura fresca, buio totale, silenzio (o rumore bianco se preferite). E, come abbiamo detto prima, niente dispositivi elettronici!

4. Attenti a ciò che mangiate e bevete. Evitate pasti pesanti, caffeina e alcol nelle ore prima di andare a letto. Sì, l'alcol può farvi addormentare più facilmente, ma compromette la qualità del sonno.

5. Fate esercizio regolarmente, ma non troppo vicino all'ora di andare a letto. L'attività fisica è un potente alleato del buon sonno, ma ha bisogno di tempo per "raffreddarsi".

Ora, so cosa state pensando alcuni di voi: "Ma io uso il mio smartphone come sveglia!". Bene, è tempo di investire in una vera sveglia. Ci sono modelli fantastici sul mercato che simulano l'alba per un risveglio più naturale. Il vostro smartphone può aspettare fuori dalla camera da letto.

Parliamo ora di un nemico subdolo del buon sonno: la luce blu. I nostri dispositivi elettronici emettono una luce che inganna il nostro cervello, facendogli credere che sia ancora giorno. Risultato? La produzione di melatonina, l'ormone del sonno, viene soppressa. Se proprio dovete usare dispositivi la sera, considerate l'uso di filtri per la luce blu o occhiali appositi.

Ma il riposo non è solo sonno notturno. Anche le pause durante il giorno sono fondamentali. Il nostro cervello non è progettato per lavorare ininterrottamente per ore. Ha bisogno di pause regolari per mantenere alti i livelli di concentrazione e creatività.

Ecco alcune strategie per incorporare il riposo nella vostra giornata:

1. La tecnica del Pomodoro, che abbiamo menzionato prima, è un ottimo modo per integrare pause regolari nel vostro flusso di lavoro.

2. Praticate la "micrososta". Anche solo 30 secondi di respiro profondo e occhi chiusi possono fare miracoli per ricaricare le batterie.

3. Fate una vera pausa pranzo. Allontanatevi dalla scrivania, mangiate consapevolmente, magari fate una breve passeggiata.

4. Considerate un breve pisolino pomeridiano. Attenzione però: non più di 20-30 minuti, altrimenti rischiate di interferire con il sonno notturno.

Ricordate, il riposo non è pigrizia. È un investimento nella vostra produttività e nel vostro benessere a lungo termine. Come diceva il grande Dalai Lama: "Il sonno è la migliore meditazione".

Infine, vorrei toccare un argomento spesso trascurato: i sogni. Molte persone sottovalutano l'importanza dei sogni, vedendoli come semplici fantasie notturne. In realtà, i sogni giocano un ruolo cruciale nell'elaborazione delle nostre esperienze quotidiane e nella regolazione delle nostre emozioni. Un sonno di qualità, con fasi REM ben definite, favorisce una buona attività onirica.

Se volete esplorare ulteriormente il mondo dei vostri sogni, considerate di tenere un diario onirico. Scrivete i vostri sogni appena svegli, quando sono ancora freschi nella memoria. Potreste scoprire intuizioni sorprendenti su voi stessi e sul vostro subconscio.

In conclusione, il sonno e il riposo di qualità non sono lussi, sono necessità. In un mondo che ci spinge costantemente verso l'iperattività e l'iperconnessione, prendersi il tempo per riposare veramente è un atto rivoluzionario. È un modo per riaffermare il nostro diritto alla salute, al benessere, alla vita piena.

Quindi, cari lettori, vi lancio una sfida: per la prossima settimana, fate del sonno la vostra priorità. Andate a letto un'ora prima del solito. Create un rituale serale rilassante. Bandite gli schermi dalla camera da letto. E osservate come cambia la vostra energia, il vostro umore, la vostra produttività.

Ricordate, un buon riposo non è tempo sottratto alla vita. È tempo investito per vivere meglio. Buon riposo a tutti!

PARTE III: STRUMENTI PRATICI PER AFFRONTARE LO STRESS

CAPITOLO 8: TECNICHE DI RILASSAMENTO

ESERCIZI DI RESPIRAZIONE E RILASSAMENTO MUSCOLARE.

Benvenuti, cari lettori, in questo viaggio alla scoperta di uno degli strumenti più potenti e sottovalutati che abbiamo a disposizione per combattere lo stress: il nostro stesso respiro. Sì, avete capito bene. Quell'atto automatico che compiamo circa 20.000 volte al giorno senza nemmeno pensarci può diventare la chiave per sbloccare uno stato di calma e benessere profondo.

Ma prima di tuffarci nelle tecniche specifiche, facciamo un passo indietro e parliamo del perché la respirazione è così importante nella gestione dello stress. Vedete, il nostro respiro è intimamente connesso con il nostro sistema nervoso. Quando siamo stressati, il nostro respiro diventa superficiale e rapido, attivando la risposta "fight or flight" del nostro corpo. Al contrario, un respiro lento e profondo attiva il sistema nervoso parasimpatico, responsabile del rilassamento e del recupero.

Ora, immagino che alcuni di voi stiano pensando: "Respirare? Davvero? Non è un po' troppo semplice per essere efficace?". Vi capisco. In un mondo che ci bombarda di soluzioni complesse e high-tech per ogni problema, l'idea che qualcosa di così basilare possa fare la differenza può sembrare quasi ridicola. Eppure, vi assicuro che la scienza è dalla nostra parte. Numerosi studi hanno dimostrato l'efficacia delle tecniche di respirazione nel ridurre lo stress,

78

l'ansia e persino nel migliorare la funzione immunitaria.

Iniziamo con la tecnica di respirazione più semplice ma incredibilmente efficace: la respirazione diaframmatica, o respirazione addominale. Molti di noi, soprattutto quando siamo stressati, respirano in modo superficiale, utilizzando solo la parte superiore dei polmoni. La respirazione diaframmatica ci permette di utilizzare pienamente la capacità polmonare, ossigenando meglio il sangue e inviando un potente segnale di rilassamento al cervello.

Ecco come praticarla:

1. Sdraiatevi su una superficie comoda o sedetevi con la schiena dritta.

2. Mettete una mano sul petto e l'altra sull'addome.

3. Inspirate lentamente dal naso, sentendo l'addome che si solleva. La mano sul petto dovrebbe muoversi poco o nulla.

4. Espirate lentamente dalla bocca, sentendo l'addome che si abbassa.

5. Ripetete questo ciclo per 5-10 minuti.

All'inizio potrebbe sembrare innaturale o difficile. Non scoraggiatevi! Come ogni abilità, richiede pratica. Provate a dedicare qualche minuto ogni giorno a questo esercizio e vedrete che diventerà sempre più naturale.

Passiamo ora a una tecnica un po' più avanzata: la respirazione 4-7-8, sviluppata dal Dr. Andrew Weil. Questa tecnica è particolarmente efficace per calmare rapidamente la mente e il corpo in situazioni di stress acuto.

Ecco come si pratica:

1. Sedete con la schiena dritta.

2. Posizionate la punta della lingua contro il tessuto dietro gli incisivi superiori.

3. Espirate completamente dalla bocca, facendo un suono di "whoosh".

4. Chiudete la bocca e inspirate silenziosamente dal naso contando fino a 4.

5. Trattenete il respiro contando fino a 7.

6. Espirate completamente dalla bocca, facendo un suono di "whoosh" e contando fino a 8.

7. Ripetete il ciclo per un totale di 4 respiri.

Questa tecnica può sembrare un po' complicata all'inizio, ma con la pratica diventerà sempre più naturale. Il Dr. Weil suggerisce di praticarla almeno due volte al giorno, ma di non fare più di quattro cicli alla volta per le prime settimane di pratica.

Ora, passiamo al rilassamento muscolare progressivo. Questa tecnica, sviluppata dal Dr. Edmund Jacobson negli anni '20, si basa sul principio che lo stress mentale è accompagnato da tensione muscolare e che, rilassando i muscoli, possiamo ridurre lo stress mentale.

Ecco una versione semplificata che potete praticare ovunque:

1. Iniziate dai piedi. Contraete i muscoli dei piedi il più possibile per 5 secondi, poi rilasciate completamente.

2. Spostatevi ai polpacci. Contraete per 5 secondi, poi rilasciate.

3. Continuate questo processo risalendo il corpo: cosce,

glutei, addome, petto, braccia, mani, spalle, collo e viso.

4. Concentrate l'attenzione sulla differenza tra la sensazione di tensione e quella di rilassamento.

Questo esercizio non solo aiuta a rilassare fisicamente il corpo, ma aumenta anche la consapevolezza delle sensazioni corporee, un elemento chiave nella gestione dello stress.

Ma non finisce qui. Esploriamo ora una tecnica che combina respirazione e visualizzazione: la respirazione del quadrato. Questa tecnica è particolarmente utile per calmare la mente ansiosa e ritrovare il focus.

Ecco come praticarla:

1. Immaginate un quadrato davanti a voi.

2. Partendo dall'angolo in basso a sinistra, inspirate contando fino a 4 mentre la vostra mente "risale" il lato sinistro del quadrato.

3. Trattenete il respiro contando fino a 4 mentre la mente si sposta lungo il lato superiore del quadrato.

4. Espirate contando fino a 4 mentre la mente "scende" lungo il lato destro.

5. Trattenete il respiro contando fino a 4 mentre la mente si sposta lungo il lato inferiore, tornando al punto di partenza.

6. Ripetete il ciclo per almeno 5 minuti.

Questa tecnica non solo regola il respiro, ma offre anche un punto focale per la mente, allontanandola dai pensieri ansiosi.

Vorrei ora introdurre una tecnica che può sembrare un po' insolita, ma che trovo incredibilmente efficace: la respirazione alternata delle narici, o "Nadi Shodhana" nello yoga. Questa pratica aiuta a bilanciare i due emisferi del cervello e può essere particolarmente utile per ritrovare l'equilibrio in momenti di stress o confusione mentale.

Ecco come praticarla:

1. Sedete comodamente con la schiena dritta.

2. Con la mano destra, piegate l'indice e il medio verso il palmo. Il pollice si posizionerà vicino alla narice destra, l'anulare e il mignolo vicino alla sinistra.

3. Chiudete la narice destra con il pollice e inspirate lentamente dalla narice sinistra.

4. Alla fine dell'inspirazione, chiudete la narice sinistra con l'anulare e il mignolo, rilasciate il pollice e espirate dalla narice destra.

5. Ora inspirate dalla narice destra.

6. Chiudete la narice destra e espirate dalla sinistra.

7. Questo completa un ciclo. Ripetete per almeno 5 minuti.

All'inizio potrebbe sembrare un po' complicato, ma con la pratica diventerà sempre più naturale e i benefici saranno evidenti.

Infine, vorrei parlarvi di una tecnica che unisce respirazione e movimento: la "respirazione camminata". Questa pratica è particolarmente utile quando vi sentite agitati o avete bisogno di schiarirvi le idee.

Ecco come funziona:

1. Trovate un luogo tranquillo dove poter camminare indisturbati per almeno 10 minuti.

2. Iniziate a camminare lentamente, concentrandovi sulla sensazione dei piedi che toccano il suolo.

3. Sincronizzate il respiro con i passi. Ad esempio, potete fare 4 passi mentre inspirate e 4 mentre espirate.

4. Se la mente vaga, riportatela gentilmente alla sensazione del respiro e dei passi.

Questa pratica non solo calma la mente, ma integra anche un leggero esercizio fisico, che sappiamo essere benefico per la riduzione dello stress.

Ora, so cosa state pensando alcuni di voi: "Tutto molto bello, ma quando dovrei trovare il tempo per fare questi esercizi?". La risposta è: ovunque e in qualsiasi momento. La bellezza di queste tecniche è che possono essere praticate quasi ovunque: alla scrivania, in fila al supermercato, sul bus. Non c'è bisogno di attrezzature speciali o di un ambiente particolare.

Il segreto è l'integrazione. Non pensate a queste pratiche come a qualcosa di separato dalla vostra routine quotidiana, ma come a strumenti da utilizzare nel corso della giornata. Magari potreste iniziare con 5 minuti di respirazione diaframmatica appena svegli, praticare la respirazione 4-7-8 prima di una riunione importante, fare un po' di rilassamento muscolare progressivo durante la pausa pranzo e concludere la giornata con 10 minuti di respirazione alternata delle narici.

Ricordate, la chiave è la costanza, non la perfezione. Non preoccupatevi se la vostra mente vaga durante gli esercizi o se non riuscite a rilassarvi completamente. Ogni volta che praticate, state allenando il vostro "muscolo del rilassamento". Con il tempo e la pratica, diventerà sempre più forte e reattivo.

In conclusione, queste tecniche di respirazione e rilassamento muscolare sono strumenti potenti nella lotta contro lo stress. Sono gratuite, sempre disponibili e, con la pratica, possono diventare dei veri e propri super poteri nella vostra vita quotidiana.

Vi invito a sperimentare con queste tecniche nelle prossime settimane. Trovate quelle che funzionano meglio per voi e integratele nella vostra routine. Potreste rimanere sorpresi da quanto possa cambiare la vostra vita semplicemente prestando un po' più di attenzione al vostro respiro.

Ricordate, il respiro è l'ancora che ci tiene ancorati al presente. In un mondo che ci spinge costantemente verso il futuro o ci trascina nel passato, il respiro è sempre qui, ora. Usatelo saggiamente, e lasciate che diventi il vostro rifugio nella tempesta dello stress quotidiano.

E con questo, cari lettori, vi auguro un respiro profondo e rilassato. Che possiate trovare la calma nel caos, la pace nella frenesia, e la forza nella vostra stessa respirazione. Buona pratica a tutti!

INTRODUZIONE ALLA MEDITAZIONE GUIDATA

Benvenuti, cari lettori, in questo viaggio alla scoperta di uno degli strumenti più potenti e trasformativi a nostra disposizione: la meditazione guidata. Ora, so cosa alcuni di voi potrebbero pensare: "Meditazione? Non è roba da monaci buddisti o hippie new age?". Lasciate che vi rassicuri: la meditazione è per tutti, e i suoi benefici sono supportati da una solida base scientifica.

Ma prima di addentrarci nei dettagli, facciamo un passo indietro. Cos'è esattamente la meditazione guidata? In parole semplici, è una forma di meditazione in cui veniamo "guidati" attraverso il processo da una voce esterna, che può essere quella di un istruttore dal vivo o registrata. Questa guida ci aiuta a focalizzare l'attenzione, a rilassarci e a navigare nel paesaggio della nostra mente con maggiore facilità.

La bellezza della meditazione guidata sta nella sua accessibilità. Se l'idea di sedervi in silenzio per 20 minuti cercando di "svuotare la mente" (un mito comune sulla meditazione, tra l'altro) vi sembra intimidante, la meditazione guidata offre un approccio più strutturato e, francamente, più facile per i principianti.

Ma perché dovremmo meditare? Beh, la lista dei benefici è lunga e impressionante. Studi scientifici hanno dimostrato che la pratica regolare della meditazione può:

1. Ridurre lo stress e l'ansia

2. Migliorare la concentrazione e la memoria

3. Aumentare la compassione verso se stessi e gli altri

4. Ridurre il dolore cronico

5. Migliorare la qualità del sonno

6. Abbassare la pressione sanguigna

7. Rafforzare il sistema immunitario

E questi sono solo alcuni dei benefici documentati. Ma come funziona esattamente la meditazione guidata?

In genere, una sessione di meditazione guidata inizia con un invito a trovare una posizione comoda. Contrariamente a quanto si possa pensare, non è necessario sedersi nella posizione del loto su un cuscino. Potete stare seduti su una sedia, sdraiati sul letto, o persino camminare lentamente. L'importante è che siate in una posizione che possiate mantenere comodamente per la durata della pratica.

La guida vi inviterà poi a concentrarvi sul respiro. Questo non significa controllare o modificare il respiro, ma semplicemente osservarlo. È un po' come sedersi sulla riva di un fiume e guardare l'acqua che scorre. Non stiamo cercando di cambiare il flusso, stiamo solo osservando.

Da qui, la meditazione guidata può prendere diverse direzioni. Potrebbe concentrarsi su una scansione corporea, in cui l'attenzione viene portata sistematicamente su diverse parti del corpo. O potrebbe utilizzare la visualizzazione, chiedendovi di immaginare un luogo pacifico o una situazione positiva. Potrebbe anche includere affermazioni positive o mantra da ripetere mentalmente.

Una delle cose belle della meditazione guidata è la sua versatilità. Ci sono meditazioni guidate per quasi ogni scopo immaginabile: per ridurre lo stress, migliorare il sonno, aumentare la fiducia in se stessi, gestire il dolore, e molto altro ancora.

Ora, so che alcuni di voi potrebbero essere scettici. "Suona troppo bello per essere vero", potreste pensare. E avete ragione a essere cauti. La meditazione non è una panacea
86

miracolosa che risolverà istantaneamente tutti i vostri problemi. È più come l'esercizio fisico: i benefici si accumulano nel tempo con la pratica regolare.

E come l'esercizio fisico, all'inizio potrebbe sembrare difficile o frustrante. La vostra mente potrebbe vagare continuamente. Potreste sentirvi irrequieti o annoiati. Tutto questo è perfettamente normale! In realtà, notare che la mente ha vagato e riportarla gentilmente al focus della meditazione è l'essenza stessa della pratica. Ogni volta che lo fate, state allenando il "muscolo" dell'attenzione.

Un altro misconception comune è che lo scopo della meditazione sia raggiungere uno stato di "mente vuota". Niente potrebbe essere più lontano dalla verità. L'obiettivo non è fermare i pensieri (cosa praticamente impossibile), ma cambiare il nostro rapporto con essi. Impariamo a osservare i nostri pensieri senza necessariamente attaccarci ad essi o lasciarci trasportare.

Ma come si inizia concretamente con la meditazione guidata? Ecco alcuni suggerimenti:

1. Iniziate con sessioni brevi. Anche solo 5 minuti al giorno possono fare la differenza. Con il tempo, potrete aumentare gradualmente la durata.

2. Scegliete un momento e un luogo specifici per la vostra pratica. Potrebbe essere appena svegli, durante la pausa pranzo, o prima di andare a letto. L'importante è cercare di essere coerenti.

3. Utilizzate app o risorse online. Ci sono numerose app gratuite che offrono meditazioni guidate di alta qualità.

Alcune delle più popolari includono Insight Timer, Headspace e Calm.

4. Siate pazienti e gentili con voi stessi. La meditazione è una pratica, non una performance. Non c'è un modo "giusto" o "sbagliato" di meditare.

5. Sperimentate con diversi stili e guide. Ciò che funziona per una persona potrebbe non funzionare per un'altra. Trovate lo stile e la voce che risuonano meglio con voi.

6. Non aspettatevi risultati immediati. Come ho detto, i benefici della meditazione si accumulano nel tempo. Siate costanti e fidatevi del processo.

Una delle cose più belle della meditazione guidata è che può essere adattata a quasi ogni situazione. Ci sono meditazioni brevi che potete fare alla scrivania durante una giornata stressante, meditazioni più lunghe per un rilassamento profondo, e persino meditazioni da fare mentre camminate o svolgete attività quotidiane.

Vorrei condividere con voi una semplice meditazione guidata che potete provare ora, se volete. Ci vorranno solo pochi minuti:

1. Trovate una posizione comoda, sia seduti che sdraiati.

2. Chiudete gli occhi e prendete alcuni respiri profondi.

3. Portate l'attenzione al vostro respiro. Notate l'aria che entra ed esce dalle narici.

4. Se la mente vaga, non preoccupatevi. È normale. Notate

semplicemente dove è andata e riportatela gentilmente al respiro.

5. Ora, ad ogni inspirazione, pensate alla parola "pace". Ad ogni espirazione, pensate alla parola "rilassamento".

6. Continuate così per qualche minuto, lasciando che ogni respiro porti un senso di pace e rilassamento nel vostro corpo e nella vostra mente.

7. Quando siete pronti, aprite lentamente gli occhi.

Come vi sentite? Anche una breve pratica come questa può creare un momento di pausa e tranquillità nella vostra giornata.

In conclusione, la meditazione guidata è uno strumento potente e accessibile per gestire lo stress, migliorare il benessere mentale e coltivare una maggiore consapevolezza nella vita quotidiana. Non richiede attrezzature speciali, può essere praticata ovunque, e i suoi benefici sono supportati dalla scienza.

Vi invito a esplorare questo mondo. Iniziate con piccoli passi, siate pazienti con voi stessi, e ricordate che ogni momento di pratica, per quanto breve o "imperfetto" possa sembrare, è un passo verso una maggiore pace interiore e resilienza.

E con questo, cari lettori, vi auguro una pratica meditativa ricca e appagante. Che possiate trovare la calma nel caos, la chiarezza nella confusione, e un senso di pace in mezzo alle tempeste della vita. Namaste!

CAPITOLO 9: ATTIVITÀ FISICA E ALIMENTAZIONE CONSAPEVOLE

COME L'ESERCIZIO FISICO RIDUCE LO STRESS

Cari lettori, prepariamoci a esplorare uno dei più potenti antidoti naturali allo stress che abbiamo a disposizione: l'esercizio fisico. Ora, so cosa alcuni di voi potrebbero pensare: "Oh no, non un'altra predica sul dover andare in palestra!". Ma vi prego, restate con me. Ciò che sto per condividere con voi potrebbe letteralmente cambiare la vostra vita.

Partiamo dalle basi. Cos'è esattamente lo stress dal punto di vista fisiologico? In termini semplici, è la risposta del nostro corpo a una minaccia percepita. Questa risposta, nota come "fight or flight" (combatti o fuggi), è stata fondamentale per la sopravvivenza dei nostri antenati. Quando un predatore appariva, il corpo si preparava rapidamente all'azione: il cuore accelerava, i muscoli si tendevano, il respiro diventava più rapido.

Il problema è che nel mondo moderno, il nostro corpo risponde allo stress di un'email urgente o di una scadenza imminente esattamente come risponderebbe a un leone affamato. E qui entra in gioco l'esercizio fisico.

L'attività fisica è, in un certo senso, un inganno benevolo per il nostro corpo. Quando ci alleniamo, mimiamo le azioni fisiche della risposta "fight or flight". Corriamo, saltiamo, solleviamo pesi. Il corpo risponde rilasciando una cascata di ormoni e neurotrasmettitori che non solo ci aiutano a gestire lo stress immediato dell'esercizio, ma hanno anche effetti

90

benefici a lungo termine.

Uno di questi è l'endorfina, spesso chiamata l'ormone del "benessere". Le endorfine sono oppioidi naturali prodotti dal nostro corpo che riducono la percezione del dolore e inducono una sensazione di euforia. Avete mai sentito parlare del "runner's high"? Ecco, sono le endorfine in azione.

Ma non è solo questione di endorfine. L'esercizio fisico regolare riduce i livelli di ormoni dello stress come il cortisolo e l'adrenalina. Questi ormoni, se cronicamente elevati, possono causare una miriade di problemi di salute, dall'aumento di peso alle malattie cardiache.

Inoltre, l'attività fisica stimola la produzione di neurotrofine, proteine che favoriscono la crescita e la sopravvivenza dei neuroni nel cervello. In particolare, l'esercizio aumenta i livelli di BDNF (fattore neurotrofico derivato dal cervello), che gioca un ruolo cruciale nella plasticità cerebrale, nella memoria e nell'apprendimento. In parole povere, l'esercizio fisico non solo ci fa sentire meglio, ma ci rende letteralmente più intelligenti!

Ma i benefici non finiscono qui. L'attività fisica regolare migliora la qualità del sonno, altro fattore cruciale nella gestione dello stress. Quando dormiamo bene, siamo più resistenti allo stress durante il giorno. È un circolo virtuoso: l'esercizio migliora il sonno, il sonno migliore ci rende più resistenti allo stress, e così via.

L'esercizio fisico ha anche un potente effetto sul nostro umore. Numerosi studi hanno dimostrato che l'attività fisica regolare può essere altrettanto efficace di alcuni antidepressivi nel trattamento della depressione lieve o moderata. E non stiamo parlando di allenamenti estenuanti: anche una camminata veloce di 30 minuti al giorno può fare la differenza.

Un altro aspetto spesso sottovalutato è l'impatto dell'esercizio sulla nostra autostima. Quando ci alleniamo regolarmente, non solo miglioriamo la nostra forma fisica, ma sviluppiamo anche un senso di competenza e padronanza. Questo aumento dell'autoefficacia si traduce in una maggiore resilienza di fronte alle sfide della vita.

Ma forse uno dei benefici più sottovalutati dell'esercizio fisico è il suo effetto di "meditazione in movimento". Quando corriamo, nuotiamo o pedaliamo, spesso entriamo in uno stato di flusso, un'immersione totale nell'attività presente che libera la mente dalle preoccupazioni quotidiane. È un'opportunità per praticare la mindfulness in modo naturale e spontaneo.

Ora, so cosa alcuni di voi potrebbero pensare: "Tutto molto bello, ma io odio la palestra!". La buona notizia è che non c'è bisogno di diventare fanatici del fitness per godere dei benefici antistress dell'esercizio. L'importante è trovare un'attività che vi piaccia e che possiate sostenere nel lungo termine.

Ecco alcune idee per incorporare più movimento nella vostra vita quotidiana:

1. Camminate di più. Se potete, andate al lavoro a piedi o scendete dall'autobus qualche fermata prima. Fate le scale invece di prendere l'ascensore. Ogni passo conta!

2. Ballate. Mettete su la vostra musica preferita e ballate nel salotto di casa. È un ottimo modo per liberare le endorfine e scaricare lo stress.

3. Giardinaggio. Non solo è un buon esercizio, ma il contatto

con la natura ha un effetto calmante aggiuntivo.

4. Yoga. Combina i benefici dell'esercizio fisico con quelli della meditazione e della respirazione consapevole.

5. Sport di squadra. Oltre all'esercizio, offrono anche un'opportunità di connessione sociale, altro potente antidoto allo stress.

6. Nuoto. L'immersione in acqua ha un effetto calmante intrinseco, e il nuoto è un ottimo esercizio per tutto il corpo.

7. Arti marziali. Offrono un allenamento completo e insegnano tecniche di respirazione e concentrazione utili nella gestione dello stress.

Ricordate, l'obiettivo non è diventare atleti olimpionici, ma muoversi regolarmente in un modo che sia piacevole e sostenibile per voi.

Un aspetto cruciale da considerare è la regolarità. È meglio fare 15 minuti di esercizio ogni giorno piuttosto che un'ora una volta alla settimana. La costanza è la chiave per ottenere i benefici antistress dell'attività fisica.

Inoltre, è importante ascoltare il proprio corpo. Se siete particolarmente stressati, potreste sentirvi tentati di "sfogare" lo stress con un allenamento intenso. Mentre questo può funzionare per alcuni, per altri potrebbe aggiungere ulteriore stress al corpo. In questi momenti, attività più dolci come lo yoga o una camminata nella natura potrebbero essere più benefiche.

Un altro consiglio è di variare il vostro regime di esercizio. Non solo questo aiuta a prevenire la noia, ma stimola anche il corpo in modi diversi, massimizzando i benefici.

Infine, cercate di rendere l'esercizio un momento di piacere, non un altro compito da spuntare dalla lista. Trasformatelo in un'opportunità per prendervi cura di voi stessi, per ascoltare il vostro corpo, per liberare la mente. Con il tempo, potreste scoprire che l'esercizio diventa non solo un antidoto allo stress, ma un vero e proprio momento di gioia nella vostra giornata.

In conclusione, l'esercizio fisico è uno strumento potente e accessibile per combattere lo stress. Non richiede attrezzature costose o abilità particolari, solo la volontà di muoversi regolarmente. I benefici vanno ben oltre la semplice riduzione dello stress: migliora l'umore, aumenta l'energia, favorisce il sonno, potenzia le funzioni cognitive e rafforza il sistema immunitario.

Quindi, cari lettori, vi lancio una sfida: nelle prossime due settimane, impegnatevi a fare almeno 30 minuti di attività fisica ogni giorno. Può essere una camminata, dello yoga, una corsa, qualsiasi cosa vi piaccia. Osservate come vi sentite, sia durante che dopo l'esercizio. Notate eventuali cambiamenti nel vostro livello di stress, nel vostro umore, nella qualità del vostro sonno.

Ricordate, ogni passo, ogni respiro, ogni movimento è un passo verso una vita meno stressata e più equilibrata. Il vostro corpo è progettato per muoversi, e quando lo fate regolarmente, state onorando la sua saggezza innata.

Che possiate trovare gioia nel movimento, pace nell'azione, e un potente alleato contro lo stress nella vostra stessa capacità di muovervi. Buon allenamento a tutti!

ALIMENTI CHE FAVORISCONO IL BENESSERE MENTALE

Cari lettori, prepariamoci ad intraprendere un viaggio affascinante attraverso il mondo della nutrizione e del suo profondo impatto sul nostro benessere mentale. Forse vi sorprenderà scoprire quanto ciò che mettiamo nel nostro piatto possa influenzare non solo il nostro corpo, ma anche la nostra mente e il nostro umore. Siete pronti? Allacciate le cinture, stiamo per decollare verso un'avventura gastronomica che potrebbe cambiare la vostra vita!

Innanzitutto, permettetemi di sfatare un mito: non esiste un singolo "superalimento" miracoloso che possa istantaneamente trasformare il vostro stato mentale. Il segreto sta nella varietà e nell'equilibrio. Detto questo, ci sono certamente alcuni alimenti che, consumati regolarmente come parte di una dieta bilanciata, possono contribuire significativamente al nostro benessere mentale.

Partiamo dai grassi. Sì, avete capito bene: i grassi. Per anni demonizzati, ora sappiamo che certi tipi di grassi sono essenziali per la salute del nostro cervello. In particolare, gli acidi grassi omega-3 giocano un ruolo cruciale nella struttura e nel funzionamento delle cellule cerebrali. Dove li troviamo? Il pesce grasso come il salmone, le sardine e lo sgombro sono ottime fonti. Per i vegetariani e i vegani, le noci, i semi di chia e i semi di lino sono valide alternative.

Immaginate il vostro cervello come un motore di alta precisione. Gli omega-3 sono come l'olio che mantiene questo motore ben lubrificato e funzionante al meglio. Studi hanno dimostrato che una dieta ricca di omega-3 può aiutare a ridurre i sintomi della depressione e dell'ansia, migliorare la memoria e persino rallentare il declino cognitivo legato all'età.

Passiamo ora ai carboidrati. Spesso demonizzati nelle diete alla moda, i carboidrati complessi sono in realtà fondamentali per il benessere mentale. Il nostro cervello funziona principalmente a glucosio, e i carboidrati complessi forniscono un rilascio lento e costante di energia. Quali sono le migliori fonti? Cereali integrali come avena, quinoa e riso integrale, legumi come lenticchie e fagioli, e verdure amidacee come patate dolci e zucca.

Questi alimenti non solo forniscono energia al cervello, ma sono anche ricchi di fibre. E qui arriva una rivelazione sorprendente: il nostro intestino produce circa il 95% della serotonina del nostro corpo. La serotonina è un neurotrasmettitore noto come l'"ormone del buonumore". Quindi, prendersi cura del nostro intestino con una dieta ricca di fibre può avere un impatto diretto sul nostro umore!

Parliamo ora delle proteine. Le proteine sono composte da aminoacidi, i mattoni con cui il nostro corpo costruisce i neurotrasmettitori. Un aminoacido in particolare, il triptofano, è il precursore della serotonina. Dove lo troviamo? Nel tacchino (ecco perché ci sentiamo così rilassati dopo il pranzo del Ringraziamento!), nel pollo, nel pesce, nelle uova, nei latticini magri, nella soia e nelle noci.

Ma non è solo questione di macronutrienti. Le vitamine e i minerali giocano un ruolo cruciale nel benessere mentale. La vitamina D, per esempio, è fondamentale per l'umore. Oltre all'esposizione al sole, possiamo trovarla in alimenti come il pesce grasso, i tuorli d'uovo e i funghi esposti ai raggi UV.

Le vitamine del gruppo B sono essenziali per la produzione di energia a livello cellulare e per la sintesi dei neurotrasmettitori. Le troviamo in abbondanza nei cereali integrali, nelle verdure a foglia verde, nelle uova e nei latticini.

Il magnesio è un minerale spesso trascurato ma fondamentale per il benessere mentale. Aiuta a regolare i neurotrasmettitori, riduce l'ansia e migliora la qualità del sonno. Le fonti migliori? Verdure a foglia verde scuro, noci, semi e legumi.

Non possiamo parlare di benessere mentale senza menzionare gli antiossidanti. Lo stress ossidativo è un fattore chiave in molti disturbi mentali, inclusa la depressione. Gli antiossidanti combattono questo stress, proteggendo le cellule cerebrali. Dove li troviamo? Nei frutti di bosco, nelle verdure colorate, nel tè verde, nel cacao e nelle spezie come la curcuma.

A proposito di spezie, meritano un capitolo a parte. La curcuma, per esempio, contiene curcumina, un potente antinfiammatorio e antiossidante che ha dimostrato di avere effetti benefici sull'umore e sulla cognizione. Lo zafferano, una delle spezie più costose al mondo, ha dimostrato in alcuni studi di avere effetti antidepressivi paragonabili a quelli di alcuni farmaci.

E che dire dei probiotici? Questi batteri "buoni" non solo supportano la salute digestiva, ma influenzano anche direttamente il nostro umore attraverso l'asse intestino-cervello. Li troviamo in alimenti fermentati come yogurt, kefir, kombucha, crauti e kimchi.

Ora, so cosa state pensando: "Tutto molto interessante, ma come posso incorporare tutto questo nella mia dieta quotidiana?". Ecco alcuni suggerimenti pratici:

1. Iniziate la giornata con una colazione ricca di nutrienti. Una ciotola di avena con frutti di bosco, noci e semi è un ottimo modo per fornire al cervello l'energia di cui ha bisogno per affrontare la giornata.

2. Incorporate più verdure colorate nei vostri pasti. Puntate a riempire metà del vostro piatto con verdure di vari colori ad

ogni pasto.

3. Fate dello snack un'opportunità per nutrire il cervello. Una manciata di noci o un po' di yogurt con frutti di bosco sono ottime opzioni.

4. Sperimentate con le spezie. Aggiungete curcuma al riso, cannella all'avena, zafferano al risotto.

5. Provate a sostituire la carne con il pesce almeno due volte a settimana.

6. Integrate alimenti fermentati nella vostra dieta. Un po' di krauti o kimchi come contorno, o un bicchiere di kefir come spuntino.

7. Idratazione! L'acqua è essenziale per il funzionamento ottimale del cervello. Assicuratevi di bere a sufficienza durante il giorno.

Ricordate, l'obiettivo non è la perfezione, ma il progresso. Piccoli cambiamenti, fatti in modo coerente nel tempo, possono portare a grandi risultati.

È importante anche notare che, mentre l'alimentazione gioca un ruolo cruciale nel benessere mentale, non è l'unico fattore. Lo stress, il sonno, l'esercizio fisico e le relazioni sociali sono tutti elementi importanti dell'equazione. Una dieta sana è più efficace quando fa parte di uno stile di vita complessivamente equilibrato.

Inoltre, mentre questi alimenti possono supportare il benessere mentale, non sono un sostituto per il trattamento professionale in caso di disturbi mentali diagnosticati. Se state lottando con problemi di salute mentale, vi incoraggio a cercare l'aiuto di un professionista qualificato.

In conclusione, il cibo che mangiamo ha un impatto profondo non solo sul nostro corpo, ma anche sulla nostra mente. Ogni boccone è un'opportunità per nutrire non solo il nostro stomaco, ma anche il nostro cervello e il nostro umore. Vedete la vostra tavola come una tavolozza di colori, sapori e nutrienti che possono dipingere un quadro di salute e benessere mentale.

Vi lancio quindi una sfida: nelle prossime due settimane, provate ad incorporare consapevolmente almeno un alimento "amico del cervello" in ogni pasto. Osservate come vi sentite, notate eventuali cambiamenti nel vostro umore, nella vostra energia, nella vostra capacità di concentrazione.

Ricordate, ogni pasto è un'opportunità per prendervi cura di voi stessi, per nutrire non solo il vostro corpo, ma anche la vostra mente. Che il vostro viaggio verso il benessere mentale sia delizioso e nutriente!

Buon appetito e buon benessere a tutti!

CAPITOLO 10: CONNESSIONI REALI IN UN MONDO VIRTUALE

COLTIVARE RELAZIONI PERSONALI SIGNIFICATIVE

In un'epoca in cui siamo costantemente connessi attraverso schermi e dispositivi, può sembrare paradossale sentirsi più soli che mai. Eppure, è proprio questa la realtà che molti di noi sperimentano quotidianamente. Le relazioni virtuali, per quanto numerose e apparentemente gratificanti, spesso lasciano un vuoto che solo le connessioni autentiche e profonde possono colmare.

Il paradosso della connettività

Immaginate di essere seduti in un caffè affollato, circondati da decine di persone, ognuna concentrata sul proprio smartphone. Tutti connessi, eppure tutti isolati. Questa scena, ormai fin troppo familiare, illustra perfettamente il paradosso della nostra era digitale: mai prima d'ora siamo stati così "connessi" e, allo stesso tempo, così disconnessi gli uni dagli altri.

Le piattaforme social ci offrono l'illusione di intimità. Con un semplice clic possiamo seguire la vita di centinaia, se non migliaia, di "amici". Sappiamo cosa mangiano, dove vanno in vacanza, quali film guardano. Ma quanti di questi "amici" chiamerebbero se avessimo bisogno di aiuto nel bel mezzo della notte?

Riscoprire il valore del contatto umano

Il tocco di una mano sulla spalla, uno sguardo complice, una risata condivisa: sono questi i momenti che ci ricordano cosa significa essere veramente umani. La neuroscienza ci insegna che il contatto fisico rilascia ossitocina, l'ormone dell'attaccamento, fondamentale per il nostro benessere emotivo e fisico. Nessun emoji, per quanto espressivo, può sostituire l'abbraccio di un amico.

Ma come possiamo coltivare relazioni significative in un mondo che sembra spingere verso l'isolamento digitale? Ecco alcune strategie che ho visto funzionare nel corso dei miei trent'anni di esperienza nel campo:

1. **Pratica l'ascolto attivo**: Quando sei con qualcuno, sii veramente presente. Metti via il telefono e concentrati sulla persona che hai di fronte. Ascolta non solo le parole, ma anche il tono della voce, osserva il linguaggio del corpo. Spesso, ciò che non viene detto è più importante di ciò che viene espresso verbalmente.

2. **Crea rituali di connessione**: Stabilisci momenti dedicati alle relazioni personali. Che si tratti di una cena settimanale con gli amici o di una chiamata mensile con un parente lontano, la regolarità rafforza i legami.

3. **Riscopri la gioia della corrispondenza**: Nell'era delle email e dei messaggi istantanei, ricevere una lettera scritta a mano è diventato un evento raro e prezioso. Prova a scrivere lettere ai tuoi cari: è un gesto che richiede tempo e riflessione, e proprio per questo è particolarmente apprezzato.

4. **Condividi esperienze, non solo informazioni:** Invece di limitarti a raccontare le tue giornate, coinvolgi gli altri in attività condivise. Che si tratti di cucinare insieme, fare una passeggiata o visitare una mostra, le esperienze comuni creano ricordi duraturi.

5. **Coltiva la vulnerabilità**: Le relazioni profonde si basano sulla fiducia reciproca. Non temere di mostrarti vulnerabile, di condividere le tue preoccupazioni e i tuoi sogni. È attraverso questa apertura che si creano legami autentici.

Il ruolo della tecnologia nelle relazioni personali

Sarebbe ingenuo e controproducente demonizzare completamente la tecnologia. Gli strumenti digitali, se usati con saggezza, possono effettivamente arricchire le nostre relazioni. Le videochiamate, ad esempio, ci permettono di mantenere un contatto visivo con i nostri cari lontani. I social media possono aiutarci a rimanere in contatto con vecchi amici che altrimenti avremmo perso di vista.

La chiave sta nel trovare un equilibrio, nell'usare la tecnologia come un ponte verso l'interazione reale, non come un sostituto di essa. Quando usi i social media, fallo con intenzione: invece di scorrere passivamente il feed, usa queste piattaforme per organizzare incontri, per scoprire eventi nella tua comunità, per trovare gruppi di persone con i tuoi stessi interessi.

L'importanza della comunità

Nell'era dell'individualismo esasperato, riscoprire il senso di comunità è più importante che mai. Che si tratti di un gruppo di lettura, di un'associazione di volontariato o di un club sportivo, far parte di una comunità ci offre un senso di appartenenza e di scopo che va oltre noi stessi.

Ricordo un mio paziente, chiamiamolo Marco, che soffriva di una forte depressione. Passava le sue giornate chiuso in casa, interagendo con il mondo esterno solo attraverso i social media. Il punto di svolta per lui è stato quando l'ho incoraggiato a unirsi a un gruppo di giardinaggio urbano. Inizialmente riluttante, Marco ha scoperto non solo una nuova passione, ma anche un senso di connessione con la sua comunità che nessuna interazione online poteva dargli.

Conclusione: la qualità sopra la quantità

In definitiva, ciò che conta non è il numero di connessioni che abbiamo, ma la loro profondità e autenticità. Una manciata di relazioni significative può arricchire la nostra vita più di migliaia di follower o like.

Mentre navighiamo in questo mondo sempre più digitale, ricordiamoci che siamo esseri analogici. Il nostro bisogno di connessione umana, di tocco, di presenza fisica, rimane invariato. La sfida che abbiamo davanti è quella di utilizzare la tecnologia per amplificare e facilitare queste connessioni reali, non per sostituirle.

Coltivare relazioni personali significative richiede tempo, energia e a volte anche coraggio. Ma è un investimento che paga dividendi inestimabili in termini di felicità, salute e senso di appartenenza. In un mondo che sembra spingerci verso l'isolamento digitale, scegliere consapevolmente di connettersi in modo autentico con gli altri è forse l'atto più rivoluzionario che possiamo compiere.

L'IMPORTANZA DEL SUPPORTO SOCIALE

Nel tessuto complesso della vita moderna, il supporto sociale emerge come un filo essenziale, spesso sottovalutato ma cruciale per la nostra esistenza. È quella rete invisibile di relazioni, interazioni e risorse emotive che ci avvolge, sostenendoci nei momenti di difficoltà e amplificando le nostre gioie. Paradossalmente, nell'era della connettività costante, molti di noi sperimentano una profonda sensazione di isolamento. Comprendere e coltivare attivamente il supporto sociale può trasformare radicalmente la qualità della nostra vita, segnando la differenza tra un'esistenza piena e soddisfacente e una segnata dalla solitudine e dallo stress.

Il nostro bisogno di connessione non è un capriccio o un lusso, ma una necessità biologica profondamente radicata nella nostra evoluzione. Siamo esseri sociali, plasmati da millenni di vita comunitaria, e il nostro benessere dipende in larga misura dalla qualità delle nostre relazioni. La scienza conferma ciò che intuitivamente sappiamo: le persone circondate da una solida rete di supporto godono di una migliore salute fisica e mentale, vivono più a lungo e mostrano una maggiore resilienza di fronte alle avversità.

Nella mia pratica clinica, ho visto innumerevoli volte il potere trasformativo del supporto sociale. Ricordo vividamente il caso di Giorgio, un brillante professionista sulla cinquantina, che venne da me oppresso da sintomi di depressione e ansia. Nonostante il successo professionale, Giorgio si sentiva profondamente solo. Nel corso della terapia, emerse che aveva gradualmente allentato i legami con amici e famiglia, convinto che il lavoro fosse l'unica cosa che contasse veramente. Fu un percorso lungo e non privo di ostacoli, ma quando Giorgio iniziò a ricostruire attivamente le sue relazioni personali, fu come se una luce si riaccendesse nei suoi occhi. Lentamente, riscoprì la gioia nelle piccole interazioni quotidiane, nelle risate condivise con gli amici, nel conforto silenzioso di una presenza amica nei momenti difficili.

Il supporto sociale si manifesta in molteplici sfaccettature, tutte ugualmente importanti per il nostro benessere. C'è il supporto emotivo, quella presenza confortante che ci fa sentire compresi e accettati per chi siamo veramente. È l'amico che ci ascolta senza giudicare, l'abbraccio silenzioso che dice più di mille parole. Poi c'è il supporto informativo, quei consigli preziosi e quelle informazioni che ci aiutano a navigare le acque tumultuose della vita. Può venire da un mentore che ci guida nel percorso professionale o da un amico che ha attraversato situazioni simili alle nostre.

Non meno importante è il supporto tangibile, quell'aiuto concreto che riceviamo nei momenti di bisogno. È il vicino che si offre di badare ai nostri figli durante un'emergenza, l'amico che ci aiuta a traslocare, il collega che si fa carico di parte del nostro lavoro quando siamo sopraffatti. Questi gesti, apparentemente semplici, possono fare la differenza tra il sentirsi soli di fronte alle sfide della vita e il sentirsi parte di una comunità che ci sostiene.

E infine, c'è quel senso profondo di appartenenza che deriva dall'essere parte di qualcosa di più grande di noi stessi. Che si tratti di un gruppo sportivo, di una comunità religiosa o di un'associazione di volontariato, questo tipo di supporto ci radica nel mondo, dando significato e scopo alla nostra esistenza.

Costruire e mantenere una rete di supporto sociale richiede impegno e intenzionalità, soprattutto in un mondo che sembra spingere verso l'isolamento digitale. Non si tratta di accumulare contatti sui social media o di avere una rubrica telefonica piena di nomi. Si tratta piuttosto di coltivare relazioni autentiche e profonde, un processo che richiede tempo, energia e, spesso, il coraggio di mostrarsi vulnerabili.

Investire tempo nelle relazioni è fondamentale. Le connessioni significative non si costruiscono da un giorno all'altro, ma attraverso una serie di interazioni ripetute nel tempo. Una telefonata settimanale a un vecchio amico, una cena mensile con la famiglia, una passeggiata regolare con un vicino: sono questi rituali che, nel tempo, tessono la trama del nostro supporto sociale.

Essere presenti per gli altri è altrettanto importante quanto ricevere supporto. Il supporto sociale è una strada a doppio senso, e spesso è nell'atto di dare che scopriamo la nostra forza e il nostro valore. Essere disponibili per gli altri nei momenti di bisogno non solo rafforza i legami esistenti, ma crea anche una rete di reciprocità che ci sosterrà quando saremo noi ad avere bisogno.

La diversità nelle relazioni è un altro elemento chiave. Una rete di supporto sociale robusta non si limita a un solo tipo di relazione, ma include una varietà di connessioni: familiari, amici, colleghi, mentori, conoscenti casuali. Ognuno può offrire un tipo diverso di supporto, arricchendo la nostra vita in modi unici e inaspettati.

Nell'era digitale, la tecnologia può essere sia un ostacolo che un facilitatore del supporto sociale. I social media, se usati in modo consapevole, possono essere un ponte verso connessioni più profonde, un modo per mantenere i contatti con persone lontane o per scoprire comunità affini. Tuttavia, è fondamentale riconoscere che le interazioni online, per quanto frequenti, raramente possono sostituire il valore delle connessioni di persona. La sfida sta nell'usare la tecnologia come un mezzo per facilitare incontri reali, non come un sostituto di essi.

Costruire una rete di supporto sociale può sembrare un compito arduo, soprattutto per chi ha vissuto esperienze negative in passato o soffre di ansia sociale. La timidezza, la mancanza di tempo, l'isolamento geografico: sono tutti ostacoli reali che molte persone si trovano ad affrontare. In questi casi, può essere utile iniziare con piccoli passi. Partecipare a un gruppo online su un tema di interesse, iscriversi a un corso o a un'attività di volontariato possono essere modi per iniziare a costruire connessioni in un ambiente strutturato e meno intimidatorio.

La pratica della vulnerabilità è un altro elemento cruciale nel coltivare relazioni autentiche. Aprirsi agli altri, condividere le proprie paure e speranze, chiedere aiuto quando ne abbiamo bisogno: sono tutti atti che richiedono coraggio, ma sono essenziali per creare connessioni profonde e significative. È attraverso questa apertura che permettiamo agli altri di vederci veramente e di offrirci il loro supporto.

In conclusione, il supporto sociale non è un lusso o un extra nella nostra vita, ma un elemento fondamentale del nostro benessere. In un mondo che sembra spingerci sempre più verso l'isolamento e l'individualismo, coltivare attivamente una rete di supporto sociale diventa un atto di resistenza e di cura di sé. È un investimento nel nostro futuro, una polizza assicurativa emotiva che ci sostiene nei momenti difficili e amplifica le nostre gioie.

Ricordiamoci che non siamo isole. La nostra forza risiede nelle connessioni che creiamo e manteniamo con gli altri. Che si tratti di un abbraccio in un momento difficile, di una risata condivisa o semplicemente della consapevolezza di non essere soli, il supporto sociale è ciò che ci rende veramente umani. È il giardino che coltiviamo con pazienza e dedizione, i cui frutti - resilienza, gioia, senso di appartenenza - sono inestimabili.

Mentre navighiamo le complessità della vita moderna, facciamo in modo che la tecnologia sia un ponte verso connessioni più profonde, non un sostituto di esse. Investiamo tempo ed energia nelle relazioni che contano veramente. Perché alla fine, quando guarderemo indietro alla nostra vita, non saranno i like su un post social a darci gioia, ma i momenti condivisi con le persone che amiamo, le conversazioni profonde che ci hanno trasformato, i gesti di gentilezza che abbiamo ricevuto e offerto.

In un'epoca di disconnessione digitale, riscoprire e coltivare il potere delle connessioni umane autentiche potrebbe essere la chiave per una vita più felice, sana e appagante. È un viaggio che richiede coraggio, pazienza e dedizione, ma è un viaggio che vale la pena intraprendere. Perché, in fondo, sono le persone che ci circondano che danno colore e significato alla nostra esistenza, trasformando la semplice sopravvivenza in una vita veramente vissuta.

CAPITOLO 11: GESTIRE LO STRESS SUL LAVORO

EQUILIBRIO TRA VITA LAVORATIVA E PERSONALE

Nel vortice frenetico della vita moderna, il lavoro occupa una posizione centrale, spesso diventando il fulcro attorno al quale ruotano tutte le altre sfere della nostra esistenza. Questa centralità, se da un lato può essere fonte di soddisfazione e realizzazione personale, dall'altro rischia di trasformarsi in una trappola insidiosa, capace di divorare energie, tempo e serenità. La gestione dello stress sul lavoro e la ricerca di un equilibrio armonioso tra vita professionale e personale sono diventate sfide cruciali del nostro tempo, questioni che trascendono la semplice produttività per toccare il cuore stesso del nostro benessere e della nostra felicità.

Il mondo del lavoro contemporaneo, caratterizzato da ritmi sempre più serrati, aspettative crescenti e una connettività pervasiva, ha ridisegnato i confini tra professione e vita privata, rendendoli sempre più sfumati e permeabili. L'avvento dello smart working, accelerato dalla recente pandemia, ha ulteriormente complicato questo scenario, portando il lavoro direttamente nelle nostre case e rendendo ancora più difficile la distinzione tra momenti di attività professionale e spazi di vita personale.

In questo contesto, lo stress lavorativo emerge come una delle principali minacce al benessere individuale e collettivo. Non si tratta di un fenomeno marginale o confinato a particolari categorie professionali: è un'esperienza diffusa e trasversale che tocca, in forme e gradi diversi, la maggior parte dei lavoratori. Le sue manifestazioni sono molteplici e possono spaziare da un senso di costante affaticamento a veri e propri disturbi fisici e psicologici, influenzando negativamente non solo la qualità della vita lavorativa, ma anche le relazioni personali, la salute e il generale senso di appagamento.

Nel corso della mia carriera, ho incontrato innumerevoli individui alle prese con questa sfida. Ricordo in particolare il caso di Martina, una brillante manager nel settore finanziario. Quando la incontrai per la prima volta, Martina era l'immagine stessa del successo professionale: carriera in rapida ascesa, riconoscimenti, un ruolo di responsabilità in una grande azienda. Eppure, dietro questa facciata di successo, si celava una profonda insoddisfazione e un senso di vuoto che stava lentamente erodendo ogni aspetto della sua vita.

Martina lavorava incessantemente, spesso fino a tarda notte e nei fine settimana. Le sue giornate erano un susseguirsi frenetico di riunioni, scadenze e progetti sempre più ambiziosi. Gradualmente, aveva perso il contatto con amici e familiari, trascurato i suoi interessi personali e messo da parte ogni forma di cura di sé. Il lavoro era diventato la sua unica dimensione, un vortice che la risucchiava completamente, lasciandola esausta e inappagata.

La storia di Martina non è un caso isolato. Rappresenta, al contrario, un fenomeno diffuso nel mondo del lavoro contemporaneo, dove la cultura del "sempre connessi" e la pressione costante per la performance hanno creato un ambiente in cui il burnout è diventato quasi una tappa obbligata del percorso professionale.

Ma come possiamo affrontare questa sfida? Come possiamo gestire lo stress sul lavoro e ritrovare un equilibrio sano tra la nostra vita professionale e personale?

La prima chiave sta nella consapevolezza. Troppo spesso, ci troviamo intrappolati in dinamiche lavorative stressanti senza nemmeno rendercene conto, accettando come "normali" situazioni che in realtà stanno minando il nostro benessere. Imparare a riconoscere i segnali dello stress - che possono manifestarsi a livello fisico, emotivo e comportamentale - è il primo passo fondamentale. Sintomi come disturbi del sonno, irritabilità, difficoltà di concentrazione, cambiamenti nell'appetito o nei livelli di energia sono campanelli d'allarme che non dovremmo ignorare.

Una volta sviluppata questa consapevolezza, diventa cruciale imparare a stabilire dei confini chiari tra lavoro e vita personale. Nell'era del lavoro digitale, questo può sembrare un compito arduo, ma è essenziale per preservare la nostra salute mentale e il nostro benessere generale. Stabilire orari definiti per il lavoro, creare uno spazio fisico dedicato alle attività professionali (anche quando si lavora da casa), imparare a "staccare" realmente al termine della giornata lavorativa sono tutte strategie che possono fare una grande differenza.

La gestione del tempo emerge come un'altra competenza fondamentale. Non si tratta semplicemente di essere più efficienti, ma di imparare a prioritizzare, a dire di no quando necessario, a delegare compiti e responsabilità. Troppo spesso, ci troviamo intrappolati nell'illusione di dover fare tutto, di dover essere sempre disponibili, di dover rispondere immediatamente a ogni richiesta. Questa mentalità non solo è insostenibile nel lungo periodo, ma spesso si rivela anche controproducente in termini di efficacia e qualità del lavoro svolto.

La cura di sé, troppo spesso relegata in fondo alla lista delle priorità, deve invece assumere un ruolo centrale. Dedicare tempo al riposo, all'attività fisica, a pratiche di rilassamento come la meditazione o lo yoga non è un lusso, ma una necessità per mantenere alti i livelli di energia e di concentrazione. Allo stesso modo, coltivare interessi e passioni al di fuori del lavoro non è solo un modo per arricchire la propria vita, ma anche per sviluppare resilienza e creatività che possono riflettersi positivamente anche nella sfera professionale.

Le relazioni personali giocano un ruolo cruciale in questo equilibrio. Troppo spesso, sotto la pressione degli impegni lavorativi, tendiamo a trascurare amicizie, legami familiari, vita di coppia. Eppure, sono proprio queste connessioni che ci forniscono il supporto emotivo necessario per affrontare le sfide professionali, che ci ricordano chi siamo al di là del nostro ruolo lavorativo, che ci offrono prospettive diverse e momenti di gioia e leggerezza.

Nel caso di Martina, il percorso verso un migliore equilibrio tra vita lavorativa e personale è stato lungo e non privo di ostacoli. Ha richiesto una profonda riflessione sui suoi valori e priorità, un riesame critico delle sue abitudini lavorative, e la volontà di apportare cambiamenti significativi nella sua routine quotidiana. Gradualmente, Martina ha imparato a stabilire confini più chiari tra lavoro e vita privata, a delegare compiti, a dire di no a richieste non essenziali. Ha riscoperto il valore del tempo libero, ripreso vecchie passioni abbandonate, riallacciato relazioni trascurate.

Un aspetto cruciale di questo processo è stato il riconoscimento che l'equilibrio tra vita lavorativa e personale non è un punto di arrivo statico, ma un processo dinamico in continua evoluzione. Le esigenze cambiano nel corso del tempo, così come le sfide professionali e personali che ci troviamo ad affrontare. L'equilibrio richiede quindi una costante attenzione e aggiustamenti, una disponibilità a rivedere e rinegoziare priorità e impegni.

In questo contesto, il ruolo delle organizzazioni e dei leader aziendali diventa fondamentale. La creazione di una cultura aziendale che valorizzi il benessere dei dipendenti, che riconosca l'importanza dell'equilibrio tra vita lavorativa e personale non è solo una questione di responsabilità sociale, ma anche una strategia vincente in termini di produttività e retention dei talenti. Politiche di flessibilità oraria, programmi di welfare aziendale, iniziative di formazione sulla gestione dello stress e del tempo sono tutti strumenti che le aziende possono mettere in campo per supportare i propri dipendenti in questa sfida.

Tuttavia, è importante riconoscere che la responsabilità ultima dell'equilibrio tra vita lavorativa e personale ricade su di noi. Sono le nostre scelte quotidiane, le nostre priorità, la nostra capacità di stabilire confini e di comunicare le nostre esigenze a fare la differenza. Questo richiede coraggio, consapevolezza e, spesso, la volontà di andare contro corrente rispetto a una cultura lavorativa che spesso glorifica il sacrificio personale e l'iper-produttività.

In conclusione, gestire lo stress sul lavoro e trovare un equilibrio tra vita professionale e personale è una delle sfide più complesse e importanti che ci troviamo ad affrontare nella società contemporanea. Non esiste una formula magica o una soluzione universale: ogni individuo deve trovare il proprio equilibrio, in base alle proprie esigenze, valori e circostanze di vita. Tuttavia, ciò che accomuna tutti i percorsi di successo in questa direzione è la consapevolezza dell'importanza di questo equilibrio, la volontà di fare scelte coerenti con i propri valori, e la costanza nel perseguire questo obiettivo giorno dopo giorno.

Il lavoro è una parte importante della nostra vita, ma non dovrebbe mai diventarne l'unica dimensione. La vera ricchezza sta nella varietà delle esperienze, nella profondità delle relazioni, nella capacità di godere dei momenti di riposo e di svago. Solo mantenendo questa prospettiva possiamo sperare di costruire una vita professionale appagante senza sacrificare il nostro benessere personale e le nostre relazioni più importanti.

La sfida è complessa, ma le ricompense sono immense: una vita più ricca, bilanciata e soddisfacente, in cui il successo professionale si integra armoniosamente con il benessere personale, creando un tessuto di esperienze e relazioni che danno vero significato alla nostra esistenza.

STRATEGIE PER AFFRONTARE IL BURNOUT PROFESSIONALE

Il burnout professionale rappresenta l'apice drammatico dello stress lavorativo cronico, un punto di rottura in cui l'individuo si trova completamente svuotato, sia emotivamente che fisicamente. È un fenomeno complesso, che va ben oltre il semplice affaticamento o lo stress occasionale. Il burnout si manifesta come una profonda sensazione di esaurimento, un distacco cinico dal proprio lavoro e un senso di inefficacia e mancanza di realizzazione. È come se la fiamma interiore che ci spinge ad agire e a dare il meglio di noi stessi si fosse improvvisamente spenta, lasciando solo cenere e desolazione.

Nel corso della mia carriera, ho incontrato molti professionisti che hanno sperimentato il burnout. Ricordo in particolare il caso di Alessandro, un brillante avvocato sulla quarantina. Quando lo incontrai per la prima volta, Alessandro era l'ombra dell'uomo dinamico e appassionato che era stato. I suoi occhi, un tempo vivaci e curiosi, erano ora spenti e cerchiati da profonde occhiaie. Parlava del suo lavoro, che una volta amava profondamente, con un distacco e un cinismo che rasentavano il disprezzo. Si sentiva intrappolato, incapace di vedere una via d'uscita da quella che percepiva come una spirale discendente senza fine.

La storia di Alessandro non è insolita. Il burnout può colpire chiunque, indipendentemente dal livello di successo raggiunto o dalla passione iniziale per il proprio lavoro. Anzi, paradossalmente, sono spesso i professionisti più dedicati e appassionati a essere più vulnerabili, proprio perché tendono a investire una parte significativa della propria identità nel loro ruolo lavorativo.

Ma come possiamo affrontare il burnout una volta che si è manifestato? E, ancora più importante, come possiamo prevenirlo?

La prima e fondamentale strategia è il riconoscimento. Troppo spesso, i segnali del burnout vengono ignorati o minimizzati, sia dall'individuo stesso che dall'ambiente circostante. C'è una tendenza diffusa a considerare l'esaurimento come un segno di debolezza, qualcosa da nascondere o superare "stringendo i denti". Niente potrebbe essere più lontano dalla verità. Il burnout non è una debolezza personale, ma il risultato di un sistema disfunzionale che spinge le persone oltre i loro limiti naturali.

Riconoscere i segnali del burnout richiede una profonda onestà con se stessi e la volontà di guardare oltre la facciata di "tutto sotto controllo" che spesso cerchiamo di mantenere. Sentirsi costantemente esausti, anche dopo un periodo di riposo, sviluppare un atteggiamento cinico o distaccato verso il proprio lavoro, sperimentare un calo significativo della produttività o della qualità del lavoro: questi sono tutti segnali che non dovrebbero essere ignorati.

Una volta riconosciuto il problema, il passo successivo è spesso il più difficile: fermarsi. In una cultura che valorizza l'iperattività e la produttività costante, l'idea di fare un passo indietro può sembrare controintuitiva, se non addirittura spaventosa. Eppure, è proprio questo distacco temporaneo che può fare la differenza tra un recupero efficace e un peggioramento della situazione.

Per Alessandro, questo significò prendere un congedo prolungato dal lavoro, qualcosa che inizialmente considerava impensabile. "Come farà lo studio senza di me?" si chiedeva, incapace di vedere come la sua efficacia fosse già stata drasticamente compromessa dal burnout. Eppure, fu proprio questa pausa che gli permise di iniziare il processo di guarigione.

Durante questo periodo di pausa, è fondamentale riconnettersi con se stessi al di là del proprio ruolo professionale. Troppo spesso, soprattutto in carriere molto impegnative, tendiamo a identificarci completamente con il nostro lavoro, perdendo di vista altri aspetti della nostra personalità e dei nostri interessi. Riscoprire passioni dimenticate, dedicare tempo a relazioni trascurate, esplorare nuovi interessi: sono tutti modi per ricalibrare la propria identità e ricordare a se stessi che siamo molto più della nostra professione.

La pratica della mindfulness e della meditazione può giocare un ruolo cruciale in questo processo. Queste tecniche ci aiutano a sviluppare una maggiore consapevolezza dei nostri stati mentali ed emotivi, permettendoci di riconoscere precocemente i segnali di stress e di burnout. Inoltre, la meditazione regolare può aiutare a ridurre l'ansia e lo stress, migliorando la nostra capacità di gestire le pressioni quotidiane.

Un altro aspetto fondamentale nel recupero dal burnout è la rivalutazione delle proprie priorità e valori. Spesso, il burnout si verifica quando c'è un disallineamento tra i nostri valori personali e le richieste del nostro ambiente lavorativo. Questo processo di rivalutazione può portare a cambiamenti significativi, che possono spaziare da una ridefinizione del proprio ruolo all'interno dell'organizzazione fino a un completo cambio di carricra.

Per Alessandro, questo processo di riflessione lo portò a realizzare quanto si fosse allontanato dalle ragioni originali che lo avevano spinto a diventare avvocato. Si rese conto di aver perso di vista il suo desiderio di fare la differenza nella vita delle persone, sommerso com'era da scartoffie e scadenze. Questo insight lo portò a riconsiderare il tipo di diritto che praticava e il modo in cui strutturava il suo lavoro.

La gestione del burnout richiede anche un approccio olistico alla salute. L'esercizio fisico regolare, una dieta equilibrata e un sonno adeguato non sono optional, ma componenti essenziali del processo di recupero. L'attività fisica, in particolare, può essere un potente antidoto allo stress, aiutando a ridurre l'ansia, migliorare l'umore e aumentare i livelli di energia.

È importante sottolineare che il recupero dal burnout non è un processo lineare. Ci saranno alti e bassi, momenti di progresso seguiti da periodi di apparente stagnazione o addirittura di regressione. La pazienza e la compassione verso se stessi sono fondamentali. Troppo spesso, le persone che soffrono di burnout si colpevolizzano per la loro condizione, aggravando ulteriormente il problema. Accettare che il recupero richiede tempo e che gli ostacoli fanno parte del percorso è un passo importante verso la guarigione.

Il supporto sociale gioca un ruolo cruciale in questo processo. Amici, familiari, colleghi comprensivi possono offrire non solo sostegno emotivo, ma anche prospettive diverse e consigli preziosi. In molti casi, può essere utile cercare il supporto di un professionista, come un terapeuta o un coach, che può fornire strumenti specifici per affrontare il burnout e guidare il processo di recupero.

A livello organizzativo, è fondamentale creare un ambiente che non solo riconosca il rischio di burnout, ma attivamente lo prevenga. Questo può includere politiche di orario flessibile, programmi di benessere aziendale, formazione sulla gestione dello stress e, soprattutto, una cultura che valorizzi il benessere dei dipendenti tanto quanto la produttività.

Per Alessandro, il percorso di recupero fu lungo e non privo di sfide. Ci vollero mesi prima che si sentisse pronto a tornare al lavoro, e quando lo fece, fu con una prospettiva completamente rinnovata. Negoziò un orario più flessibile, si concentrò su casi che sentiva veramente significativi e implementò pratiche di autocura nella sua routine quotidiana. Più importante ancora, mantenne una costante consapevolezza dei suoi stati mentali ed emotivi, pronto a riconoscere e affrontare i segnali di stress prima che potessero accumularsi nuovamente fino al punto di rottura.

In conclusione, affrontare il burnout professionale richiede un approccio multifattoriale che coinvolge corpo, mente e spirito. Non si tratta semplicemente di "ricaricare le batterie" per tornare allo stesso ritmo frenetico di prima, ma di un profondo processo di trasformazione personale e professionale.

È un'opportunità per riallineare la propria vita con i propri valori più profondi, per ridefinire il successo in termini che vadano oltre la mera produttività o lo status professionale. È un invito a riconsiderare il ruolo del lavoro nella nostra vita e a costruire una carriera che non solo ci sostenga economicamente, ma che nutra anche la nostra anima.

Il burnout, per quanto doloroso, può quindi diventare un punto di svolta, un catalizzatore per un cambiamento positivo. Ci ricorda che siamo esseri umani, non macchine, e che la nostra forza risiede non nella nostra capacità di spingere oltre i nostri limiti, ma nella nostra abilità di riconoscerli, rispettarli e lavorare in armonia con essi.

In un mondo che sembra valorizzare sempre più la produttività incessante e il sacrificio personale, scegliere di prendersi cura di sé, di stabilire confini sani e di perseguire un equilibrio autentico tra lavoro e vita personale diventa un atto quasi rivoluzionario. È una scelta che richiede coraggio, consapevolezza e spesso la volontà di andare contro corrente. Ma è anche una scelta che può portare a una vita più ricca, più soddisfacente e, in ultima analisi, più produttiva, non solo in termini professionali, ma in tutti gli aspetti della nostra esistenza.

CAPITOLO 12: ANSIA E GIOVANI NELL'ERA DIGITALE

SFIDE SPECIFICHE PER ADOLESCENTI E GIOVANI ADULTI

L'era digitale ha portato con sé una rivoluzione senza precedenti nel modo in cui viviamo, comunichiamo e ci relazioniamo con il mondo. Per nessun gruppo questa trasformazione è stata più profonda e pervasiva che per gli adolescenti e i giovani adulti. Nati e cresciuti in un mondo già digitalizzato, questi "nativi digitali" navigano una realtà in cui il confine tra online e offline è sempre più sfumato, se non del tutto inesistente. Questa immersione totale nel digitale, se da un lato offre opportunità straordinarie di connessione, apprendimento e crescita, dall'altro presenta sfide uniche e complesse, in particolare per quanto riguarda la salute mentale e, nello specifico, l'ansia.

Per comprendere appieno la portata di queste sfide, dobbiamo prima considerare il contesto in cui i giovani di oggi si trovano a crescere e a formare la propria identità. A differenza delle generazioni precedenti, per le quali il mondo digitale è stato un'aggiunta graduale alla realtà fisica, per i nativi digitali la tecnologia è un elemento intrinseco e inseparabile della loro esperienza quotidiana. Smartphone, social media, app di messaggistica istantanea: questi non sono semplici strumenti, ma estensioni del sé, canali attraverso i quali si costruiscono relazioni, si esprime la propria identità e si naviga il complesso panorama sociale dell'adolescenza e della giovane età adulta.

Questa interconnessione costante offre indubbi vantaggi: accesso immediato all'informazione, possibilità di mantenere contatti con persone in tutto il mondo, piattaforme per l'espressione creativa e l'attivismo. Tuttavia, è proprio questa pervasività a generare alcune delle sfide più significative per la salute mentale dei giovani.

Una delle prime e più evidenti sfide è la pressione costante della connettività. L'idea di essere sempre raggiungibili, sempre "on", crea un senso di obbligo e di urgenza che può essere estremamente stressante. I giovani si trovano spesso a fare i conti con l'ansia di "missing out" (FOMO - Fear Of Missing Out), il timore di essere esclusi o di perdere qualcosa di importante se non sono costantemente connessi e aggiornati. Questo può portare a un ciclo di controllo compulsivo dei dispositivi, interrompendo il sonno, la concentrazione e la capacità di essere pienamente presenti nel momento.

Ricordo il caso di Sofia, una brillante studentessa di 17 anni che venne nel mio studio accompagnata dai genitori preoccupati. Sofia soffriva di insonnia cronica e attacchi di panico. Durante le nostre sessioni, emerse che passava gran parte della notte sveglia, scrollando infinite feed sui social media, terrorizzata all'idea di perdere qualche aggiornamento importante o di non rispondere tempestivamente ai messaggi dei suoi amici. Questa ansia da connessione costante aveva eroso non solo il suo sonno, ma anche la sua capacità di concentrarsi a scuola e di godere di attività offline.

Un'altra sfida significativa è legata all'immagine di sé e all'autostima. I social media, in particolare, offrono una piattaforma per la costruzione e la presentazione di un'identità curata, spesso idealizzata. I giovani si trovano costantemente esposti a immagini di vite apparentemente perfette, corpi irrealisticamente belli, successi straordinari. Questo confronto costante può alimentare sentimenti di inadeguatezza, insoddisfazione per il proprio corpo e ansia sociale. La ricerca ossessiva di like, commenti e follower diventa per molti una misura del proprio valore, creando una dipendenza emotiva dal feedback esterno che può essere estremamente destabilizzante.

Il caso di Marco, un giovane di 22 anni, illustra bene questa dinamica. Talentuoso fotografo, Marco aveva iniziato a pubblicare i suoi scatti su Instagram con entusiasmo. Tuttavia, col tempo, si era trovato ossessionato dal numero di like e follower, passando ore a rimuginare su ogni post, analizzando ossessivamente le statistiche del suo profilo. Questa preoccupazione costante aveva iniziato a erodere la sua passione per la fotografia, trasformando quello che era un mezzo di espressione creativa in una fonte di ansia e insicurezza.

La questione dell'identità online solleva anche il problema del cyberbullismo e dell'harassment digitale. L'anonimato e la distanza fisica offerta dalle piattaforme online possono incoraggiare comportamenti aggressivi e disinibiti, rendendo i giovani vulnerabili a forme di abuso che possono avere conseguenze devastanti sulla loro autostima e sul loro senso di sicurezza. A differenza del bullismo tradizionale, il cyberbullismo non si ferma al suono della campanella: segue la vittima a casa, nel suo spazio privato, rendendo impossibile sfuggire alle molestie.

La sovraesposizione all'informazione rappresenta un'altra sfida significativa. I giovani di oggi hanno accesso a un flusso costante e ininterrotto di notizie, spesso drammatiche o allarmanti. Dalle crisi globali ai disastri ambientali, dalle minacce terroristiche alle pandemie, questa esposizione costante a informazioni potenzialmente ansiogene può generare un senso di impotenza e di paura per il futuro. L'eco chamber dei social media, inoltre, può amplificare queste paure, creando una percezione distorta della realtà e alimentando l'ansia.

Un aspetto particolarmente insidioso dell'era digitale è il suo impatto sulla capacità di attenzione e concentrazione. La natura frammentaria e veloce dell'informazione online, con la sua gratificazione istantanea e i suoi stimoli continui, può rendere difficile per i giovani sviluppare la pazienza e la concentrazione necessarie per impegnarsi in attività più profonde e a lungo termine. Questo può generare ansia e frustrazione quando si trovano di fronte a compiti che richiedono attenzione sostenuta, come lo studio o la lettura di testi complessi.

La dipendenza da internet e da dispositivi digitali è un'altra sfida cruciale. Molti giovani sperimentano veri e propri sintomi di astinenza quando non possono accedere ai loro dispositivi, manifestando irritabilità, ansia e difficoltà di concentrazione. Questa dipendenza può interferire con le attività quotidiane, le relazioni faccia a faccia e lo sviluppo di competenze sociali fondamentali.

Un aspetto spesso trascurato, ma non meno importante, è l'impatto del digitale sul sonno. La luce blu emessa dagli schermi può interferire con la produzione di melatonina, l'ormone del sonno, rendendo più difficile addormentarsi. Inoltre, l'abitudine di controllare i dispositivi prima di dormire può stimolare la mente proprio quando dovrebbe rilassarsi, portando a un sonno disturbato e di scarsa qualità. Considerando l'importanza cruciale del sonno per la salute mentale e fisica, soprattutto durante l'adolescenza, questa interferenza può avere conseguenze significative sul benessere generale.

La privacy e la sicurezza online rappresentano un'altra fonte di ansia per molti giovani. La consapevolezza che ogni azione online lascia una traccia digitale, potenzialmente accessibile a chiunque, può generare un senso di vulnerabilità e paranoia. I giovani si trovano a navigare un complesso panorama di impostazioni di privacy, cercando di bilanciare il desiderio di condivisione con la necessità di protezione. La paura che contenuti imbarazzanti o compromettenti possano riemergere in futuro, influenzando le proprie prospettive accademiche o professionali, può essere una fonte costante di stress.

Un altro aspetto da considerare è l'impatto del digitale sullo sviluppo dell'identità. L'adolescenza e la giovane età adulta sono fasi cruciali per la formazione dell'identità personale. Nell'era digitale, questo processo si complica ulteriormente. I giovani si trovano a gestire multiple identità online, spesso diverse da quella offline, creando potenziali conflitti e confusione. La pressione di presentare una versione idealizzata di sé online può portare a una disconnessione dal proprio vero sé, generando ansia e un senso di inautenticità.

La natura "always on" della vita digitale può anche interferire con lo sviluppo di competenze essenziali come l'autoriflessione e l'introspezione. Il silenzio e la noia, stati che tradizionalmente hanno stimolato la creatività e l'autoesplorazione, vengono costantemente riempiti da stimoli digitali. Questo può portare a una difficoltà nel gestire momenti di solitudine o inattività, generando ansia quando ci si trova senza la distrazione costante dello schermo.

Le relazioni romantiche nell'era digitale presentano le loro sfide uniche. Le app di dating, se da un lato offrono opportunità di connessione, dall'altro possono creare un senso di overwhelm e ansia da scelta. La cultura del "ghosting" e la facilità con cui le relazioni possono essere terminate con un semplice click possono generare insicurezza e paura dell'abbandono. Inoltre, la tendenza a confrontare costantemente la propria relazione con quelle idealizzate presentate sui social media può minare la soddisfazione e la stabilità emotiva.

L'impatto del digitale sull'educazione e sul futuro professionale è un'altra fonte di ansia per molti giovani. Da un lato, le opportunità di apprendimento online sono vaste e accessibili come mai prima. Dall'altro, la rapida evoluzione tecnologica crea incertezza sul futuro del mercato del lavoro, generando ansia sulla rilevanza delle competenze acquisite e sulla capacità di adattarsi a un mondo in rapido cambiamento.

Infine, non possiamo trascurare l'impatto del digitale sulla percezione del tempo e sul senso di urgenza. La cultura dell'immediatezza, alimentata dalla velocità delle comunicazioni digitali, può creare aspettative irrealistiche di produttività e disponibilità costante. Questo può portare a un senso cronico di essere indietro o di non fare abbastanza, alimentando l'ansia e il burnout.

Di fronte a queste sfide, è fondamentale sviluppare strategie efficaci per aiutare i giovani a navigare l'era digitale in modo sano ed equilibrato. L'educazione digitale dovrebbe andare oltre l'insegnamento delle competenze tecniche per includere la consapevolezza dei rischi psicologici e lo sviluppo di strategie di coping.

È cruciale incoraggiare pratiche di igiene digitale, come stabilire limiti chiari nell'uso dei dispositivi, creare spazi e momenti liberi dalla tecnologia, e promuovere attività offline che favoriscano la connessione faccia a faccia e il contatto con la natura.

Le scuole e le università dovrebbero integrare nei loro programmi corsi sulla gestione dello stress digitale e sulla costruzione di un'identità online sana. Allo stesso tempo, è importante che gli adulti di riferimento - genitori, insegnanti, mentori - siano consapevoli di queste sfide e siano in grado di offrire supporto e guida.

La terapia cognitivo-comportamentale e le pratiche di mindfulness si sono dimostrate particolarmente efficaci nel trattare l'ansia legata al digitale. Queste approcci possono aiutare i giovani a sviluppare una maggiore consapevolezza dei propri pattern di pensiero e comportamento online, e a costruire strategie per gestire lo stress e l'ansia in modo più efficace.

È anche importante riconoscere e valorizzare gli aspetti

positivi della tecnologia. Usata in modo consapevole, può essere uno strumento potente per la crescita personale, l'apprendimento e la connessione sociale. L'obiettivo non dovrebbe essere demonizzare la tecnologia, ma piuttosto insegnare ai giovani a utilizzarla in modo equilibrato e costruttivo.

In conclusione, l'era digitale presenta sfide uniche e complesse per la salute mentale degli adolescenti e dei giovani adulti. L'ansia, in particolare, emerge come una conseguenza significativa di questa immersione totale nel mondo digitale. Tuttavia, con la giusta consapevolezza, educazione e supporto, è possibile aiutare i giovani a navigare queste acque tumultuose, trasformando potenziali fonti di stress in opportunità di crescita e resilienza.

Il nostro compito, come società, è quello di creare un ambiente in cui i giovani possano sfruttare i benefici della tecnologia senza esserne sopraffatti, un ambiente che promuova il benessere digitale come parte integrante del benessere generale. Solo così potremo assicurare che le generazioni future siano equipaggiate non solo per sopravvivere, ma per prosperare nell'era digitale.

CONSIGLI PER GENITORI ED EDUCATORI

Nel navigare le complesse acque dell'era digitale, genitori ed educatori si trovano di fronte a una sfida senza precedenti. Come guidare i giovani attraverso questo labirinto tecnologico, proteggendoli dai rischi mentre li si prepara a sfruttare appieno le opportunità offerte dal mondo digitale? Non esiste una risposta semplice o una soluzione universale, ma ci sono approcci e strategie che possono fare una differenza significativa.

Innanzitutto, è fondamentale che genitori ed educatori si impegnino a comprendere appieno il mondo digitale in cui i giovani sono immersi. Questo non significa necessariamente diventare esperti di ogni nuova app o piattaforma, ma piuttosto sviluppare una comprensione di base delle dinamiche sociali, emotive e psicologiche che caratterizzano l'esperienza online dei giovani. Troppo spesso, il divario generazionale si traduce in una disconnessione che lascia i giovani senza una guida efficace in questo territorio complesso.

Un esempio illuminante è quello della famiglia Rossi. I genitori, preoccupati per l'uso eccessivo dello smartphone da parte della figlia quindicenne Giulia, avevano inizialmente reagito con divieti e restrizioni rigide. Il risultato era stato un aumento della tensione familiare e una chiusura ancora maggiore di Giulia. Fu solo quando i genitori decisero di "entrare" nel mondo digitale di Giulia, chiedendole di mostrare loro le sue app preferite e di spiegare come le usava, che iniziò un dialogo costruttivo. Questa apertura permise ai genitori di comprendere meglio le pressioni sociali e emotive che Giulia sperimentava online, e di sviluppare strategie più efficaci e collaborative per gestire il suo uso della tecnologia.

La comunicazione aperta e non giudicante è, infatti, la chiave di volta di qualsiasi approccio efficace. È essenziale creare un ambiente in cui i giovani si sentano sicuri nel condividere le loro esperienze online, sia positive che negative. Questo significa essere pronti ad ascoltare senza reagire con panico o disapprovazione immediata, anche quando vengono rivelate situazioni potenzialmente preoccupanti. Solo attraverso questo tipo di dialogo aperto possiamo sperare di guidare i giovani verso un uso più consapevole e sicuro della tecnologia.

Un altro aspetto cruciale è l'educazione all'alfabetizzazione digitale. Questo va ben oltre l'insegnamento delle competenze tecniche di base. Si tratta di fornire ai giovani gli strumenti critici per navigare il mare di informazioni in cui sono immersi, per distinguere tra fonti affidabili e fake news, per comprendere i meccanismi di funzionamento dei social media e il loro impatto sulla psicologia individuale e collettiva. In questo contesto, scuole e istituzioni educative hanno un ruolo fondamentale da svolgere, integrando l'alfabetizzazione digitale in modo trasversale nei curricula scolastici.

Il professor Bianchi, insegnante di lettere in un liceo, ha adottato un approccio innovativo in questo senso. Invece di demonizzare l'uso degli smartphone in classe, ha integrato la tecnologia nelle sue lezioni di analisi testuale. Gli studenti sono incoraggiati a utilizzare app di fact-checking in tempo reale durante la lettura di articoli di attualità, sviluppando così competenze critiche essenziali per navigare il panorama informativo contemporaneo. Questo approccio non solo ha aumentato l'engagement degli studenti, ma ha anche fornito loro strumenti pratici per gestire l'overload informativo caratteristico dell'era digitale.

Un altro aspetto fondamentale è la promozione di un equilibrio sano tra vita online e offline. Genitori ed educatori possono giocare un ruolo chiave nel modellare e incoraggiare attività che non coinvolgono la tecnologia. Questo può includere la promozione di attività fisiche, hobby creativi, tempo trascorso nella natura, o semplicemente momenti di socializzazione faccia a faccia. L'obiettivo non è demonizzare la tecnologia, ma piuttosto dimostrare che una vita ricca e soddisfacente include una varietà di esperienze, molte delle quali avvengono lontano dagli schermi.

La famiglia Verdi ha adottato un approccio interessante in questo senso. Hanno istituito una "serata senza tecnologia" settimanale, durante la quale tutti i membri della famiglia si impegnano in attività condivise come giochi da tavolo, passeggiate all'aperto o progetti creativi. Inizialmente accolta con resistenza dai figli adolescenti, questa pratica è gradualmente diventata un momento atteso e apprezzato, offrendo un'opportunità di connessione familiare e una pausa rigenerante dalla costante stimolazione digitale.

È anche cruciale che genitori ed educatori siano consapevoli dei segnali di allarme che potrebbero indicare un uso problematico della tecnologia o l'insorgere di problemi di salute mentale legati al digitale. Questi possono includere cambiamenti nel sonno, isolamento sociale, calo del rendimento scolastico, o manifestazioni di ansia o depressione. La capacità di riconoscere questi segnali precocemente può fare la differenza tra un intervento tempestivo e efficace e lo sviluppo di problemi più seri.

La storia di Marco, un ragazzo di 16 anni, illustra l'importanza di questa consapevolezza. I genitori di Marco avevano notato un cambiamento nel suo comportamento: trascorreva sempre più tempo chiuso in camera, aveva abbandonato le sue attività sportive e mostrava segni di irritabilità e ansia. Inizialmente, attribuirono questi cambiamenti alla "fase adolescenziale", ma quando la situazione continuò a peggiorare, decisero di cercare aiuto professionale. Emerse che Marco stava sperimentando un grave caso di cyberbullismo, che lo aveva portato a ritirarsi socialmente e a sviluppare sintomi di depressione.

L'intervento tempestivo dei genitori, supportati da professionisti, fu cruciale per aiutare Marco a superare questa situazione difficile e a sviluppare strategie per gestire le sue interazioni online in modo più sicuro.

Un altro aspetto importante è l'insegnamento dell'empatia digitale. In un mondo in cui le interazioni online possono facilmente disumanizzare l'altro, è essenziale educare i giovani all'importanza di trattare gli altri online con lo stesso rispetto e considerazione che mostrerebbero in un'interazione faccia a faccia. Questo include la sensibilizzazione sugli effetti del cyberbullismo, l'importanza della privacy altrui, e la promozione di una comunicazione online rispettosa e costruttiva.

La professoressa Neri ha sviluppato un programma innovativo nella sua scuola media per affrontare questo tema. Attraverso role-playing e discussioni guidate, gli studenti esplorano scenari realistici di interazioni online, riflettendo sulle conseguenze emotive delle loro azioni digitali. Questo approccio ha portato a una notevole diminuzione degli episodi di cyberbullismo nella scuola e ha promosso un clima di maggiore rispetto e considerazione nelle interazioni online degli studenti.

È inoltre fondamentale che genitori ed educatori siano consapevoli dell'importanza di modellare un comportamento digitale sano. I giovani sono acuti osservatori e spesso imparano più dai comportamenti che vedono che dalle parole che sentono. Se un genitore è costantemente attaccato al proprio smartphone, anche durante i pasti familiari o le conversazioni, sarà difficile convincere un adolescente dell'importanza di limitare l'uso del dispositivo.

La famiglia Esposito ha affrontato questa sfida in modo creativo. Hanno creato una "zona di parcheggio" per i dispositivi all'ingresso di casa, dove tutti i membri della famiglia, genitori inclusi, lasciano i loro smartphone durante i momenti di condivisione familiare. Questo gesto simbolico ha avuto un impatto significativo, dimostrando l'impegno di tutta la famiglia verso un uso più consapevole della tecnologia.

Un altro aspetto cruciale è l'educazione alla gestione del tempo e dell'attenzione. In un'epoca in cui la distrazione è costante e le notifiche incessanti, è essenziale insegnare ai giovani come gestire il proprio tempo e la propria attenzione in modo efficace. Questo può includere l'insegnamento di tecniche di gestione del tempo, l'uso di app per il monitoraggio e la limitazione dell'uso dei dispositivi, e la promozione di pratiche di mindfulness.

Il professor Marino ha introdotto nella sua classe di liceo una pratica quotidiana di "digital detox" di 10 minuti. All'inizio di ogni lezione, gli studenti sono invitati a spegnere completamente i loro dispositivi e a praticare una breve sessione di meditazione guidata. Questa pratica non solo ha migliorato la concentrazione degli studenti durante le lezioni, ma ha anche fornito loro uno strumento prezioso per gestire lo stress e l'ansia legati all'uso costante della tecnologia.

Infine, è fondamentale che genitori ed educatori riconoscano che non tutte le interazioni online sono negative. Il mondo digitale offre opportunità straordinarie per l'apprendimento, la creatività e la connessione sociale. Il compito degli adulti non è quello di demonizzare la tecnologia, ma piuttosto di guidare i giovani verso un uso consapevole e costruttivo di questi strumenti.

La professoressa Galli, ad esempio, ha creato un progetto di "cittadinanza digitale" nella sua scuola superiore. Gli studenti sono incoraggiati a utilizzare i social media per progetti di attivismo sociale e ambientale, imparando così a sfruttare il potere della tecnologia per il cambiamento positivo. Questo approccio non solo ha aumentato l'engagement degli studenti, ma ha anche fornito loro un senso di empowerment e di responsabilità nell'uso dei media digitali.

In conclusione, il ruolo di genitori ed educatori nell'era digitale è complesso e in continua evoluzione. Non si tratta semplicemente di imporre regole o limitazioni, ma di guidare i giovani verso un rapporto sano e costruttivo con la tecnologia. Questo richiede un impegno costante all'apprendimento, all'apertura e alla comunicazione. Richiede la volontà di entrare nel mondo digitale dei giovani, di comprenderne le dinamiche e le sfide, e di offrire una guida basata sulla comprensione e non sul giudizio.

Il nostro compito è quello di equipaggiare i giovani con gli strumenti critici, emotivi e pratici necessari per navigare il complesso panorama digitale. Dobbiamo insegnare loro non solo come usare la tecnologia, ma come farlo in modo etico, sicuro e costruttivo. Dobbiamo aiutarli a sviluppare la resilienza necessaria per affrontare le sfide del mondo online, e la saggezza per sfruttarne appieno le opportunità.

In questo processo, non dobbiamo dimenticare che stiamo anche imparando. I giovani, nativi di questo mondo digitale, hanno spesso intuizioni e comprensioni che noi, come adulti, possiamo trovare preziose. Creando un dialogo aperto e bidirezionale, possiamo sperare di costruire insieme un futuro digitale che sia più sano, più sicuro e più arricchente per tutti.

CAPITOLO 13: QUANDO CERCARE AIUTO PROFESSIONALE

RICONOSCERE QUANDO È NECESSARIO UN SUPPORTO ESTERNO

Nel vasto panorama della salute mentale e del benessere emotivo, uno dei passi più cruciali e spesso più difficili è riconoscere quando è il momento di cercare aiuto professionale. In una società che spesso glorifica la resilienza individuale e stigmatizza le difficoltà psicologiche, ammettere di aver bisogno di supporto può essere un atto di coraggio significativo. Eppure, è proprio questa consapevolezza e questa volontà di cercare aiuto che possono fare la differenza tra una spirale discendente di sofferenza e un percorso di guarigione e crescita personale.

Il confine tra le normali fluttuazioni dell'umore e le sfide quotidiane da un lato, e problemi più seri che richiedono intervento professionale dall'altro, può spesso apparire sfumato e incerto. Non esiste una linea netta, un momento preciso in cui si passa da "sto gestendo la situazione" a "ho bisogno di aiuto". Piuttosto, si tratta di un continuum, un graduale accumularsi di segnali e sintomi che, se ignorati, possono portare a conseguenze sempre più serie per il nostro benessere psicofisico.

Prendiamo il caso di Giulia, una brillante professionista di 35 anni che ho avuto modo di seguire. Giulia era sempre stata una persona determinata e resiliente, abituata a gestire alti livelli di stress nel suo lavoro ad alta pressione. Inizialmente, i primi segnali di disagio - insonnia occasionale, momenti di ansia intensa, difficoltà a concentrarsi - li aveva liquidati come normali conseguenze di un periodo particolarmente impegnativo al lavoro. "Passerà", si diceva, "devo solo stringere i denti e andare avanti".

Ma con il passare delle settimane, questi sintomi, invece di attenuarsi, si intensificarono. L'insonnia divenne cronica, l'ansia una presenza costante che le toglieva il respiro nei momenti più inaspettati. Il lavoro, un tempo fonte di soddisfazione, divenne un peso insopportabile. Le relazioni personali iniziarono a risentirne, con Giulia che si isolava sempre di più, incapace di godere della compagnia degli altri o di trovare piacere nelle attività che un tempo amava.

Fu solo quando un collega, preoccupato per i suoi frequenti attacchi di panico in ufficio, le suggerì gentilmente di considerare un supporto professionale, che Giulia si fermò veramente a riflettere sulla gravità della sua situazione. Realizzò che quello che stava vivendo andava ben oltre il normale stress lavorativo: stava sperimentando i sintomi di un disturbo d'ansia che stava compromettendo seriamente la sua qualità di vita.

La storia di Giulia illustra un punto fondamentale: spesso, non siamo i migliori giudici del nostro stato di salute mentale. Tendiamo a normalizzare i nostri sintomi, a confrontarli con quelli degli altri pensando "c'è chi sta peggio di me", a considerarli una debolezza personale piuttosto che segnali di un problema che richiede e merita attenzione professionale.

Ma quali sono, dunque, i segnali che dovrebbero spingerci a considerare un supporto esterno? Come possiamo distinguere tra le normali fluttuazioni dell'umore e situazioni che richiedono un intervento specializzato?

Un primo aspetto cruciale da considerare è la durata e l'intensità dei sintomi. Sentirsi tristi o ansiosi di tanto in tanto è una parte normale dell'esperienza umana. Ma quando questi stati emotivi persistono per settimane o mesi, interferendo con la nostra capacità di funzionare nella vita quotidiana, è il momento di prendere sul serio la situazione.

Consideriamo il caso di Marco, un insegnante di 40 anni. Dopo la perdita di un caro amico, Marco attraversò comprensibilmente un periodo di lutto e tristezza. Ma mentre i suoi familiari e colleghi gradualmente ripresero le loro routine, Marco si trovò intrappolato in uno stato di profonda depressione che si protrasse per mesi. Faticava ad alzarsi dal letto al mattino, aveva perso interesse per il suo lavoro e per le attività che un tempo amava. Il suo rendimento in classe ne risentì, e iniziò a isolarsi sempre di più.

Fu solo quando il preside della scuola, notando il cambiamento nel suo comportamento, lo incoraggiò a parlare con un professionista, che Marco realizzò di essere alle prese con qualcosa di più di un normale processo di lutto. La persistenza e l'intensità dei suoi sintomi erano un chiaro segnale che era necessario un supporto esterno per elaborare la sua perdita e ritrovare un equilibrio emotivo.

Un altro segnale importante da non sottovalutare è l'impatto che il nostro stato emotivo ha sulle diverse aree della nostra vita. Quando l'ansia, la tristezza, o qualsiasi altra emozione negativa inizia a compromettere significativamente il nostro lavoro, le nostre relazioni, o la nostra capacità di prenderci cura di noi stessi, è il momento di considerare seriamente un aiuto professionale.

La storia di Alessandra, una giovane madre di 28 anni, è emblematica in questo senso. Dopo la nascita del suo primo figlio, Alessandra sviluppò una forma intensa di ansia post-partum. Inizialmente, attribuì la sua preoccupazione costante e il suo stato di allerta alla normale apprensione di una neomamma. Ma con il passare del tempo, la sua ansia iniziò a interferire seriamente con la sua capacità di prendersi cura del bambino e di se stessa.

Alessandra si trovava paralizzata dalla paura di fare qualcosa di sbagliato, al punto da evitare di uscire di casa con il neonato. Le sue notti erano tormentate da incubi e pensieri intrusivi sul benessere del bambino. Il suo rapporto con il partner ne risentì, poiché faticava a condividere le responsabilità genitoriali, convinta che solo lei potesse prendersi cura adeguatamente del figlio.

Fu solo quando il pediatra, notando il suo stato di agitazione costante durante le visite di routine, le suggerì di parlare con uno specialista in salute mentale perinatale, che Alessandra comprese la gravità della sua situazione. L'impatto pervasivo della sua ansia su ogni aspetto della sua vita era un chiaro segnale che era necessario un intervento professionale.

Un altro aspetto cruciale da considerare è la presenza di pensieri o comportamenti autodistruttivi. Questo può includere pensieri suicidi, anche se non accompagnati da piani concreti, abuso di sostanze come alcol o droghe, o comportamenti autolesionisti. Questi sono sempre segnali seri che richiedono un'attenzione immediata da parte di un professionista della salute mentale.

Il caso di Luca, un brillante studente universitario di 22 anni, illustra l'importanza di prendere sul serio questi segnali. Luca aveva sempre eccelso negli studi, ma al terzo anno di università iniziò a sentirsi sopraffatto dalla pressione accademica e dalle aspettative che sentiva su di sé. Iniziò a bere pesantemente per gestire lo stress, spesso fino al punto di perdere conoscenza.

Inizialmente, Luca considerava il suo comportamento come una normale fase di sperimentazione universitaria. Ma quando iniziò a avere vuoti di memoria, a saltare lezioni importanti e a isolarsi dai suoi amici, realizzò che il suo bere stava diventando un problema serio. Fu un episodio particolarmente spaventoso, in cui si svegliò in ospedale dopo un'intossicazione alcolica, a spingerlo finalmente a cercare aiuto professionale.

È importante sottolineare che cercare aiuto professionale non significa necessariamente che si sta affrontando un disturbo mentale grave o diagnosticabile. Spesso, il supporto di un terapeuta può essere prezioso anche in momenti di transizione di vita, durante periodi di stress intenso, o semplicemente quando si sente il bisogno di un supporto esterno per navigare sfide personali o relazionali.

Consideriamo il caso di Elena, una donna di 50 anni che si trovò a dover affrontare contemporaneamente il divorzio e un cambiamento di carriera. Mentre Elena non mostrava segni di depressione clinica o ansia, si sentiva sopraffatta dalla moltitudine di decisioni che doveva prendere e dalla sensazione di aver perso la direzione nella sua vita.

Decidere di consultare un terapeuta fu per Elena un modo proattivo di affrontare questa fase di transizione. Il supporto professionale le fornì uno spazio sicuro per elaborare le sue emozioni, esplorare le sue opzioni e sviluppare strategie per navigare il cambiamento con maggiore fiducia e chiarezza.

Un altro segnale importante da considerare è quando ci troviamo bloccati in schemi di pensiero o comportamento che riconosciamo come problematici, ma che non riusciamo a modificare da soli. Questo potrebbe includere schemi relazionali disfunzionali, comportamenti compulsivi, o pensieri negativi ricorrenti che influenzano la nostra autostima e il nostro benessere generale.

La storia di Paolo, un uomo di 45 anni, illustra bene questo punto. Paolo si trovava costantemente coinvolto in relazioni romantiche tumultuose e instabili. Nonostante fosse consapevole di essere attratto da partner emotivamente non disponibili e di ripetere gli stessi schemi distruttivi, non riusciva a interrompere questo ciclo.

Fu solo quando, dopo l'ennesima rottura dolorosa, Paolo decise di cercare l'aiuto di un terapeuta, che iniziò a comprendere le radici profonde di questi schemi relazionali e a sviluppare strategie per modificarli. Il supporto professionale gli permise di esplorare le sue esperienze passate, di comprendere i suoi modelli di attaccamento e di lavorare per costruire relazioni più sane e soddisfacenti.

È fondamentale riconoscere che cercare aiuto professionale non è un segno di debolezza, ma piuttosto un atto di coraggio e di responsabilità verso se stessi. In una società che spesso stigmatizza le difficoltà psicologiche e glorifica la capacità di "farcela da soli", ammettere di aver bisogno di supporto può essere un passo difficile. Eppure, è proprio questo passo che può aprire la porta a un percorso di guarigione, crescita e maggiore consapevolezza di sé.

Inoltre, è importante sottolineare che non esiste un momento "troppo presto" per cercare aiuto. Troppo spesso, le persone aspettano che la situazione diventi insostenibile prima di rivolgersi a un professionista. Ma proprio come preferiamo prevenire le malattie fisiche piuttosto che curarle quando sono in fase avanzata, lo stesso principio dovrebbe applicarsi alla nostra salute mentale. Cercare supporto ai primi segnali di disagio può prevenire lo sviluppo di problemi più seri e fornire strumenti preziosi per affrontare le sfide future con maggiore resilienza.

In conclusione, riconoscere quando è necessario un supporto esterno è una competenza cruciale per il nostro benessere emotivo e mentale. Richiede una combinazione di auto-consapevolezza, onestà con se stessi e la volontà di superare lo stigma che ancora troppo spesso circonda le questioni di salute mentale.

I segnali che indicano la necessità di un aiuto professionale possono variare da persona a persona, ma in generale includono:

- La persistenza e l'intensità di sintomi emotivi negativi

- L'impatto significativo del nostro stato emotivo su diverse aree della vita

- La presenza di pensieri o comportamenti autodistruttivi

- La sensazione di essere bloccati in schemi di pensiero o comportamento problematici

- L'incapacità di gestire transizioni di vita o periodi di stress intenso

Ricordiamo che cercare aiuto non è un segno di fallimento, ma un passo coraggioso verso una vita più sana e soddisfacente. Un professionista della salute mentale può offrire non solo supporto e comprensione, ma anche strumenti concreti per affrontare le sfide, sviluppare una maggiore resilienza e migliorare la qualità complessiva della nostra vita.

In un mondo che pone sempre maggiori pressioni sulla nostra salute mentale, imparare a riconoscere quando abbiamo bisogno di supporto e avere il coraggio di cercarlo è forse una delle competenze più importanti che possiamo sviluppare. Non solo per noi stessi, ma anche come esempio per gli altri, contribuendo a creare una società più consapevole, compassionevole e aperta nel affrontare le questioni di salute mentale.

PANORAMICA DELLE OPZIONI TERAPEUTICHE DISPONIBILI

Nel vasto campo della salute mentale, le opzioni terapeutiche disponibili sono molteplici e diversificate, ciascuna con i propri approcci, metodologie e ambiti di applicazione. Navigare questo panorama può risultare talvolta confuso e intimidatorio per chi si avvicina per la prima volta al mondo della terapia. È quindi fondamentale avere una comprensione di base delle principali opzioni disponibili, per poter fare scelte informate e trovare l'approccio più adatto alle proprie esigenze specifiche.

Iniziamo con quella che è forse la forma più conosciuta di terapia: la psicoterapia individuale. Questo termine ampio copre una vasta gamma di approcci, ma in generale si riferisce a un processo in cui un individuo lavora one-on-one con un terapeuta qualificato per esplorare pensieri, emozioni, comportamenti e relazioni. L'obiettivo è generalmente quello di aumentare la consapevolezza di sé, sviluppare strategie di coping più efficaci e promuovere il benessere emotivo.

All'interno della psicoterapia individuale, esistono numerosi approcci teorici e metodologici. Uno dei più noti è la terapia cognitivo-comportamentale (CBT). La CBT si concentra sull'identificazione e la modifica di schemi di pensiero e comportamento disfunzionali. È particolarmente efficace nel trattamento di disturbi come ansia, depressione e fobie, e si caratterizza per un approccio strutturato e orientato agli obiettivi.

Prendiamo il caso di Anna, una donna di 35 anni che soffriva di attacchi di panico. Attraverso la CBT, Anna ha imparato a identificare i pensieri catastrofici che precedevano i suoi attacchi ("Sto per morire", "Perderò il controllo") e a sostituirli con valutazioni più realistiche della situazione. Ha anche appreso tecniche di respirazione e rilassamento per

140

gestire i sintomi fisici dell'ansia. Dopo alcuni mesi di terapia, Anna ha riportato una significativa riduzione nella frequenza e nell'intensità dei suoi attacchi di panico.

Un altro approccio ampiamente utilizzato è la psicoterapia psicodinamica, che affonda le sue radici nella teoria psicoanalitica di Freud, ma si è evoluta significativamente nel corso degli anni. Questa forma di terapia si concentra sull'esplorazione dell'inconscio, delle esperienze passate e delle relazioni precoci per comprendere i modelli attuali di pensiero, emozione e comportamento. È particolarmente utile per individui che cercano una comprensione più profonda di sé e delle proprie relazioni.

Marco, un uomo di 40 anni, si rivolse alla terapia psicodinamica per affrontare problemi relazionali ricorrenti. Attraverso l'esplorazione delle sue relazioni infantili con i genitori, Marco fu in grado di riconoscere come certi schemi di attaccamento insicuro si stessero ripetendo nelle sue relazioni adulte. Questo insight gli permise di iniziare a modificare questi pattern e a costruire relazioni più sane e soddisfacenti.

La terapia umanistica, che include approcci come la terapia centrata sulla persona di Carl Rogers, pone l'accento sull'auto-realizzazione e sul potenziale di crescita innato dell'individuo. Questo approccio si caratterizza per un'enfasi sull'empatia, l'accettazione incondizionata e l'autenticità nella relazione terapeutica.

Lucia, una giovane artista di 28 anni, si sentiva bloccata creativamente e insoddisfatta della sua vita. Attraverso la terapia umanistica, Lucia ha trovato uno spazio sicuro per esplorare i suoi veri desideri e valori, libera da giudizi esterni. Questo processo l'ha portata a riscoprire la sua passione per l'arte e a fare scelte di vita più allineate con il suo autentico sé.

Per coloro che lottano con problemi relazionali, la terapia di coppia o familiare può essere un'opzione valida. Questi approcci coinvolgono più membri della famiglia o della coppia nelle sessioni terapeutiche, concentrandosi sulle dinamiche relazionali e sui pattern di comunicazione.

La famiglia Monetti si rivolse alla terapia familiare per affrontare conflitti ricorrenti tra genitori e figli adolescenti. Attraverso sessioni guidate, i membri della famiglia hanno imparato a comunicare in modo più efficace, a esprimere i propri bisogni in modo costruttivo e a negoziare compromessi. Il risultato è stato un miglioramento significativo nel clima familiare e una maggiore coesione.

Per problematiche specifiche come disturbi alimentari, dipendenze o traumi, esistono terapie specializzate. Ad esempio, la terapia dialettico-comportamentale (DBT) è particolarmente efficace per individui con disturbo borderline di personalità o tendenze autolesioniste. La Eye Movement Desensitization and Reprocessing (EMDR) è ampiamente utilizzata nel trattamento del disturbo post-traumatico da stress.

John, un veterano di guerra che soffriva di PTSD, ha trovato sollievo attraverso l'EMDR. Questa terapia gli ha permesso di elaborare i ricordi traumatici in modo meno doloroso, riducendo significativamente i flashback e gli incubi che lo tormentavano.

Oltre alle terapie individuali e di gruppo, è importante menzionare il ruolo della farmacoterapia. In molti casi, soprattutto per disturbi come depressione maggiore, disturbo bipolare o schizofrenia, l'uso di farmaci psicotropi può essere una componente essenziale del trattamento. Questi medicinali, prescritti da psichiatri o medici specializzati, possono aiutare a gestire i sintomi e migliorare la qualità della vita. È fondamentale sottolineare che la farmacoterapia è spesso più efficace quando combinata con la psicoterapia.

Antonella, una donna di 45 anni con disturbo bipolare, ha trovato un equilibrio attraverso una combinazione di stabilizzatori dell'umore e terapia cognitivo-comportamentale. Mentre i farmaci l'hanno aiutata a stabilizzare i suoi sbalzi d'umore, la terapia le ha fornito strumenti per gestire lo stress e migliorare le sue relazioni interpersonali.

Negli ultimi anni, c'è stato un crescente interesse per approcci terapeutici che integrano pratiche di mindfulness e meditazione. La Mindfulness-Based Stress Reduction (MBSR) e la Mindfulness-Based Cognitive Therapy (MBCT) sono esempi di come tecniche di consapevolezza possano essere incorporate in un contesto terapeutico. Questi approcci si sono dimostrati particolarmente efficaci nella gestione dello stress, nella prevenzione delle ricadute depressive e nel miglioramento generale del benessere.

Luca, un manager di 50 anni che soffriva di burnout lavorativo, ha trovato beneficio in un programma di MBSR. Attraverso la pratica regolare di mindfulness, Luca ha imparato a gestire meglio lo stress, a essere più presente nel momento e a mantenere un maggiore equilibrio tra lavoro e vita privata.

È importante anche menzionare le terapie somatiche, che si concentrano sul legame tra mente e corpo. Approcci come la Somatic Experiencing o la terapia sensomotoria sono particolarmente utili nel trattamento del trauma, aiutando gli individui a elaborare esperienze traumatiche non solo a livello cognitivo, ma anche attraverso la consapevolezza corporea.

Sara, una sopravvissuta a un grave incidente d'auto, ha trovato nella terapia somatica un modo per superare i sintomi fisici persistenti del suo trauma. Attraverso tecniche di consapevolezza corporea e di regolazione del sistema nervoso, Sara è riuscita a ridurre l'ipervigilanza e le reazioni di paura che persistevano mesi dopo l'incidente.

Con l'avvento della tecnologia digitale, sono emerse anche nuove modalità di erogazione della terapia. La telepsicologia, che include sessioni di terapia online o via telefono, ha guadagnato popolarità, soprattutto in seguito alla pandemia di COVID-19. Questo approccio offre maggiore accessibilità e flessibilità, sebbene presenti anche sfide uniche in termini di privacy e connessione terapeutica.

Paolo, un professionista che viaggia frequentemente per lavoro, ha trovato nella terapia online una soluzione ideale per mantenere la continuità del suo percorso terapeutico nonostante i frequenti spostamenti.

Infine, è importante menzionare il ruolo crescente delle terapie assistite da animali e delle terapie espressive (come l'arte terapia o la musicoterapia). Questi approcci possono offrire modalità alternative di espressione e guarigione, particolarmente utili per individui che faticano con la comunicazione verbale o che beneficiano di forme di espressione più creative.

Emma, una bambina di 10 anni con difficoltà di comunicazione legate all'autismo, ha fatto progressi significativi attraverso la musicoterapia. La musica le ha offerto un mezzo di espressione e connessione che ha migliorato notevolmente le sue capacità di interazione sociale.

In conclusione, il panorama delle opzioni terapeutiche è vasto e in continua evoluzione. La scelta del percorso terapeutico più adatto dipende da molteplici fattori, tra cui la natura specifica del problema, le preferenze personali, le risorse disponibili e le evidenze scientifiche di efficacia per determinate condizioni.

È fondamentale sottolineare che non esiste un approccio "one-size-fits-all" nella terapia. Ciò che funziona per una persona potrebbe non essere altrettanto efficace per un'altra. Inoltre, molti terapeuti adottano approcci integrativi, combinando tecniche da diverse scuole di pensiero per adattarsi al meglio alle esigenze individuali del cliente.

Il processo di trovare la terapia giusta può richiedere tempo e pazienza. È normale che ci possa volere più di un tentativo per trovare il terapeuta o l'approccio più adatto. L'importante è mantenere una comunicazione aperta con il proprio terapeuta, essere disposti a esplorare diverse opzioni e ricordare che la terapia è un processo collaborativo.

Infine, è cruciale ricordare che, indipendentemente dall'approccio scelto, la relazione terapeutica - il rapporto di fiducia e comprensione tra cliente e terapeuta - è spesso il fattore più determinante per il successo della terapia. Un buon terapeuta dovrebbe essere in grado di creare un ambiente sicuro e non giudicante, dove l'individuo si senta libero di esplorare le proprie difficoltà e lavorare verso il cambiamento desiderato.

In un'epoca in cui la salute mentale sta finalmente ricevendo l'attenzione che merita, la varietà di opzioni terapeutiche disponibili rappresenta una risorsa preziosa. Che si tratti di superare una crisi acuta, di lavorare su problemi di lunga data o semplicemente di perseguire una maggiore crescita personale, c'è un percorso terapeutico adatto a ogni esigenza. L'importante è fare il primo passo e cercare il supporto di cui si ha bisogno.

CONCLUSIONE: RIFLESSIONI FINALI SULL'IMPORTANZA DI PRENDERSI CURA DI SÉ

Giunti al termine di questo viaggio attraverso le complessità dello stress digitale e le strategie per ritrovare equilibrio e serenità, è il momento di fermarci e riflettere sull'importanza fondamentale di prendersi cura di sé. In un'epoca in cui la tecnologia permea ogni aspetto della nostra vita, offrendo opportunità senza precedenti ma anche sfide uniche, la capacità di nutrire il nostro benessere fisico, mentale ed emotivo emerge non solo come una necessità, ma come un atto di resistenza e affermazione della nostra umanità.

Il percorso che abbiamo intrapreso insieme in queste pagine ci ha portato a esplorare le molteplici sfaccettature dello stress nell'era digitale. Abbiamo esaminato come la connettività costante, il sovraccarico informativo e la pressione sociale amplificata dai social media possano erodere il nostro senso di equilibrio e benessere. Abbiamo visto come l'ansia, la depressione e il burnout possano insinuarsi silenziosamente nelle nostre vite, mascherati da una parvenza di iperconnettività e produttività.

Ma il nostro viaggio non si è fermato all'identificazione dei problemi. Abbiamo esplorato strategie concrete per riconnetterci con noi stessi e con gli altri in modi più autentici e significativi. Dalla mindfulness alla gestione consapevole del tempo, dalle pratiche di digital detox alla coltivazione di relazioni reali, abbiamo scoperto un ricco arsenale di strumenti per navigare le acque tumultuose dell'era digitale.

Tuttavia, mentre riflettiamo su tutto ciò che abbiamo appreso, emerge una verità fondamentale: la cura di sé non è un lusso, né un'indulgenza egoistica. È, piuttosto, una necessità vitale, un imperativo per la nostra sopravvivenza e il nostro fiorire in un mondo sempre più complesso e frenetico.

Prendersi cura di sé significa, in essenza, onorare la nostra umanità in tutte le sue sfumature. Significa riconoscere che siamo esseri multidimensionali, con bisogni fisici, emotivi, intellettuali e spirituali che meritano attenzione e nutrimento. In un'epoca che spesso ci riduce a profili digitali, metriche di produttività o consumatori di contenuti, affermare la nostra complessità e il nostro valore intrinseco diventa un atto rivoluzionario.

La cura di sé richiede coraggio. Il coraggio di rallentare in un mondo che ci spinge costantemente ad accelerare. Il coraggio di disconnetterci, di creare spazi di silenzio e riflessione in mezzo al rumore incessante delle notifiche e degli aggiornamenti. Il coraggio di dire "no" alle richieste eccessive, di stabilire confini sani, di prioritizzare il nostro benessere anche quando la cultura dominante ci spinge verso l'esaurimento e il burnout.

Ma la cura di sé richiede anche gentilezza. Gentilezza verso noi stessi, nel riconoscere che non siamo macchine progettate per una produttività incessante, ma esseri umani con limiti, vulnerabilità e bisogni che fluttuano nel tempo. Gentilezza nel perdonarci quando falliamo, nel concederci il permesso di essere imperfetti, nel trattarci con la stessa compassione che offriremmo a un caro amico in difficoltà.

Prendersi cura di sé significa anche riconoscere la nostra interdipendenza. In un'epoca che esalta l'individualismo, è facile dimenticare quanto profondamente siamo connessi gli uni agli altri e all'ambiente che ci circonda. La vera cura di sé non può esistere in isolamento; si estende necessariamente alla cura delle nostre relazioni, delle nostre comunità, del nostro pianeta. Quando nutriamo questi legami, quando ci impegniamo in atti di gentilezza e servizio verso gli altri, nutriamo anche noi stessi in modi profondi e significativi.

Nel contesto specifico dell'era digitale, prendersi cura di sé assume dimensioni nuove e cruciali. Significa imparare a navigare consapevolmente il panorama digitale, a utilizzare la tecnologia come strumento per arricchire le nostre vite piuttosto che come fonte di distrazione o stress. Significa coltivare una relazione sana con i nostri dispositivi, riconoscendo quando è il momento di connettersi e quando è il momento di disconnettersi.

La cura di sé nell'era digitale implica anche lo sviluppo di una literacy digitale critica. Significa imparare a filtrare il diluvio di informazioni a cui siamo costantemente esposti, a discernere ciò che è veramente importante e significativo per noi da ciò che è rumore di fondo. Significa resistere alla tentazione della comparazione sociale costante sui social media, ricordando che le vite curate che vediamo online sono solo frammenti parziali della realtà.

Mentre riflettiamo sull'importanza di prendersi cura di sé, è cruciale riconoscere che questo non è un traguardo da raggiungere, ma un processo continuo, un viaggio che dura tutta la vita. Non si tratta di perseguire una perfezione irrealistica o di aderire rigidamente a un set di regole prescrittive. Si tratta piuttosto di sviluppare una consapevolezza acuta dei nostri bisogni, desideri e limiti, e di rispondere a questi con flessibilità e compassione.

In questo viaggio, incontreremo inevitabilmente ostacoli e battute d'arresto. Ci saranno giorni in cui le pressioni del mondo esterno sembreranno sopraffarci, in cui le vecchie abitudini riaffioreranno, in cui ci sentiremo disconnessi da noi stessi e dagli altri. È in questi momenti che la pratica della cura di sé diventa più importante che mai. Non come una soluzione magica che cancella istantaneamente tutte le difficoltà, ma come un'ancora, un punto di riferimento a cui tornare, un promemoria della nostra intrinseca dignità e valore.

Mentre ci avviamo verso la conclusione di questo libro, vi

invito a considerare la cura di sé non come un'altra voce sulla vostra lista di cose da fare, ma come una filosofia di vita, un impegno quotidiano verso voi stessi e verso il mondo che vi circonda. Vi invito a sperimentare con le strategie e le pratiche che abbiamo esplorato, a trovare ciò che risuona con voi, a creare il vostro personale toolkit di benessere.

Ricordate che ogni piccolo atto di cura di sé, ogni momento di pausa consapevole, ogni scelta di prioritizzare il vostro benessere, è un atto di resistenza in un mondo che spesso ci spinge verso l'esaurimento. È un'affermazione del vostro valore intrinseco, un investimento non solo nella vostra salute e felicità individuali, ma nel benessere collettivo della nostra società.

Mentre navighiamo le acque talvolta tumultuose dell'era digitale, la cura di sé emerge come una bussola essenziale, una guida che ci ricorda costantemente la nostra umanità, la nostra interconnessione, il nostro potenziale di crescita e trasformazione. È attraverso questa pratica che possiamo sperare non solo di sopravvivere, ma di prosperare, di creare vite ricche di significato, connessione e gioia autentica.

In conclusione, vi lascio con questa riflessione: la tecnologia continuerà a evolversi, a presentare nuove sfide e opportunità. Ma la vostra capacità di rimanere ancorati a voi stessi, di coltivare il vostro benessere olistico, di navigare il mondo digitale con consapevolezza e intenzionalità, sarà la vostra risorsa più preziosa. Che possiate portare con voi gli insegnamenti di questo libro non come un peso aggiuntivo, ma come una fonte di ispirazione e empowerment. Che possiate ricordare, ogni giorno, che prendersi cura di sé non è egoismo, ma il fondamento da cui scaturisce la vostra capacità di connettervi autenticamente, di creare, di amare, di contribuire al mondo in modi significativi.

Il viaggio verso una vita equilibrata e serena nell'era digitale non è una destinazione, ma un percorso continuo. Che possiate intraprenderlo con curiosità, compassione e coraggio, sapendo che ogni passo verso una maggiore consapevolezza e cura di sé è un passo verso un mondo più sano, connesso e umano per tutti noi.

INCORAGGIAMENTO A CONTINUARE IL PERCORSO DI CRESCITA PERSONALE

Caro lettore, mentre giungiamo al termine di questo viaggio condiviso attraverso le pagine di questo libro, desidero lasciarti con un incoraggiamento sincero e caloroso a continuare il tuo percorso di crescita personale. Il cammino che hai intrapreso, esplorando le complessità dello stress digitale e scoprendo strategie per ritrovare equilibrio e serenità, è solo l'inizio di un'avventura più ampia e profondamente trasformativa.

Ricorda che ogni pagina che hai letto, ogni riflessione che hai fatto, ogni intuizione che hai avuto durante la lettura di questo libro, rappresenta un seme piantato nel fertile terreno della tua consapevolezza. Questi semi hanno il potenziale per fiorire in cambiamenti significativi nella tua vita, ma richiedono la tua cura costante, la tua attenzione e il tuo impegno per crescere e prosperare.

La crescita personale non è un destino, ma un viaggio. Non è un punto di arrivo, ma un processo continuo di scoperta, apprendimento e trasformazione. Ogni giorno offre nuove opportunità per mettere in pratica ciò che hai appreso, per sperimentare nuove strategie, per sfidare le tue vecchie abitudini e credenze limitanti. Ogni sfida che incontri, ogni momento di difficoltà o incertezza, non è un ostacolo al tuo progresso, ma un'opportunità per approfondire la tua comprensione, rafforzare la tua resilienza e ampliare la tua prospettiva.

Ti incoraggio a vedere il tuo percorso di crescita personale come un'avventura entusiasmante. Sii curioso, sii aperto alle nuove esperienze, sii disposto a uscire dalla tua zona di comfort. Ricorda che la crescita spesso avviene proprio ai margini del familiare, là dove l'ignoto ci sfida a espandere i nostri orizzonti.

Non temere i momenti di dubbio o di apparente regressione. Sono parte naturale e necessaria del processo di crescita. Come un albero che si piega al vento ma non si spezza, lascia che queste esperienze ti rendano più flessibile e resiliente. Ogni "fallimento" è in realtà un'opportunità di apprendimento, ogni passo indietro può essere il preludio a un balzo in avanti ancora più grande.

Mantieni viva la fiamma della consapevolezza che hai acceso attraverso questo libro. Continua a osservare te stesso e il mondo intorno a te con occhi curiosi e mente aperta. Pratica la mindfulness non solo come un esercizio formale, ma come un modo di essere nel mondo, presente e consapevole in ogni momento della tua giornata.

Ricorda l'importanza dell'equilibrio che abbiamo esplorato. Mentre ti impegni nel tuo percorso di crescita, non dimenticare di prenderti cura di tutti gli aspetti del tuo essere - corpo, mente, cuore e spirito. Nutri le tue relazioni, coltiva la tua creatività, onora i tuoi bisogni di riposo e rigenerazione. La vera crescita personale è olistica e armoniosa.

Non esitare a cercare supporto lungo il cammino. Che si tratti di amici fidati, mentori, professionisti della salute mentale o comunità di persone con interessi simili, ricorda che non sei solo in questo viaggio. La condivisione delle tue esperienze, delle tue sfide e dei tuoi successi non solo ti offre sostegno, ma arricchisce anche il percorso di chi ti circonda.

Sii gentile con te stesso lungo il cammino. La crescita personale non è una corsa, né una competizione. Ognuno ha il proprio ritmo, il proprio percorso unico. Celebra i tuoi progressi, per quanto piccoli possano sembrare. Riconosci il coraggio che ci vuole per intraprendere questo viaggio di auto-scoperta e trasformazione.

Mentre navighi le acque dell'era digitale, ricorda le lezioni che abbiamo esplorato insieme. Usa la tecnologia come uno strumento per la tua crescita, non come una distrazione da essa. Sii consapevole del tuo consumo digitale, crea spazi di disconnessione, coltiva relazioni autentiche sia online che offline.

Ti invito a vedere ogni giorno come una nuova opportunità per mettere in pratica ciò che hai appreso, per sperimentare, per crescere. Che si tratti di dedicare cinque minuti alla meditazione al mattino, di praticare la gratitudine prima di andare a letto, di stabilire confini digitali più sani o di coltivare una nuova abitudine positiva, ricorda che sono i piccoli passi costanti che portano ai cambiamenti più duraturi.

Infine, ti incoraggio a condividere la tua crescita con il mondo. Man mano che ti trasformi, che trovi maggiore equilibrio e serenità nella tua vita, diventi una luce per gli altri. Le tue azioni, il tuo modo di essere, la tua presenza consapevole hanno il potere di ispirare e influenzare positivamente chi ti circonda. In questo modo, il tuo percorso di crescita personale diventa un contributo al benessere collettivo, un passo verso un mondo più consapevole, compassionevole e connesso.

Ricorda, caro lettore, che hai dentro di te tutto ciò di cui hai bisogno per continuare questo viaggio. La saggezza, la forza, la resilienza e la capacità di crescere e trasformarti sono già presenti in te. Questo libro è stato solo un promemoria, una guida per aiutarti a riconnetterti con queste risorse interiori.

Mentre chiudi queste pagine, ti auguro di portare con te non solo le conoscenze e le strategie che abbiamo esplorato, ma anche un rinnovato senso di possibilità, di speranza e di empowerment. Che tu possa continuare a crescere, a fiorire e a brillare nella tua unicità.

Il viaggio continua, e sono fiducioso che porterà a scoperte meravigliose, a trasformazioni profonde e a una vita sempre più ricca di significato, equilibrio e gioia. Vai avanti con coraggio, curiosità e compassione. Il mondo ha bisogno della tua luce, della tua crescita, del tuo contributo unico.

Che il tuo cammino sia benedetto, che la tua crescita sia continua, che la tua vita sia un'espressione sempre più piena e autentica del tuo vero sé. Il viaggio è appena iniziato, e le possibilità sono infinite. Avanti, con fiducia e entusiasmo, verso il prossimo capitolo della tua straordinaria avventura di crescita personale.

APPENDICI

RISORSE UTILI: LIBRI, APP E SITI WEB PER APPROFONDIRE

In questa sezione, troverete una selezione curata di risorse in italiano per approfondire i temi trattati nel libro. Queste risorse vi aiuteranno a continuare il vostro percorso di crescita personale e a gestire lo stress nell'era digitale.

Libri

1. "Mindfulness per principianti" di Jon Kabat-Zinn

Questo libro offre un'introduzione accessibile alla pratica della mindfulness, con esercizi pratici e riflessioni profonde.

2. "Intelligenza Emotiva" di Daniel Goleman

Un classico che esplora l'importanza dell'intelligenza emotiva nella nostra vita personale e professionale.

3. "Il potere delle abitudini" di Charles Duhigg

Questo libro vi aiuterà a comprendere come si formano le abitudini e come possiamo modificarle per migliorare la nostra vita.

4."Disconnessi. Come la tecnologia sta cambiando le nostre vite" di Sherry Turkle

Un'analisi approfondita dell'impatto della tecnologia sulle nostre relazioni e sul nostro benessere psicologico.

5. "Emozioni al Potere: Trasforma la Tua Vita e le Tue Relazioni con l'Intelligenza Emozionale" di Elettra Larosa

Una finestra su un mondo dove le emozioni sono la chiave per sbloccare il tuo vero potenziale.

6. "La dieta digitale" di Daniel Sieberg

Offre strategie pratiche per stabilire un rapporto più sano con la tecnologia e ritrovare l'equilibrio nella vita quotidiana.

7. "L'arte di essere fragili" di Alessandro D'Avenia

Una riflessione sulla fragilità umana e su come trasformarla in una forza, particolarmente rilevante nell'era digitale.

App

1. Headspace (in italiano)

Un'app di meditazione guidata che offre programmi per ridurre lo stress, migliorare il sonno e aumentare la concentrazione.

2. Calm (parzialmente in italiano)

Offre meditazioni guidate, storie per dormire e musica rilassante per aiutarvi a gestire lo stress e migliorare il sonno.

3. Forest

Un'app che vi aiuta a rimanere concentrati e a ridurre l'uso del telefono, piantando alberi virtuali (e reali) mentre non usate il dispositivo.

4. Daylio

Un diario dell'umore e delle attività che vi aiuta a tracciare il vostro benessere quotidiano e a identificare pattern nel vostro comportamento.

5. RescueTime

Vi aiuta a monitorare come spendete il vostro tempo sui dispositivi digitali, offrendovi insight per migliorare la vostra produttività.

6. Moment

Traccia il tempo che trascorrete sul vostro telefono e vi aiuta a stabilire limiti di utilizzo per una vita digitale più equilibrata.

Siti Web e Risorse Online

1. Mindfulness Italia (www.mindfulnessitalia.it)

Offre risorse, corsi e articoli sulla pratica della mindfulness in italiano.

2. Psicologia Positiva Italia (www.psicologiapositiva.it)

Un portale dedicato alla psicologia positiva con articoli, video e risorse per il benessere psicologico.

3. State of Mind (www.stateofmind.it)

Un giornale online di psicologia e neuroscienze che offre articoli approfonditi su vari aspetti della salute mentale.

4. Associazione Italiana Disturbi dell'Ansia e Panico (www.aidap.org)

Fornisce informazioni e risorse per chi soffre di disturbi d'ansia, con una sezione dedicata allo stress tecnologico.

5. Digital Detox Italia (www.digitaldetox.it)

Offre programmi e risorse per aiutare le persone a stabilire un rapporto più sano con la tecnologia.

6. Centro Nazionale Dipendenze e Doping dell'Istituto Superiore di Sanità (www.iss.it/centro-nazionale-dipendenze-e-doping)

Fornisce informazioni e risorse sulla dipendenza da internet e da tecnologie digitali.

Podcast

1. "Psicologia e Vita" di Luca Mazzucchelli

Esplora vari aspetti della psicologia applicata alla vita quotidiana.

2. "Benessere H24" di Radio 24

Offre consigli pratici per il benessere psicofisico, inclusi episodi dedicati allo stress digitale.

3. "Mindfulness Psicologia" di Alberto Caputo

Un podcast che esplora l'applicazione della mindfulness nella vita quotidiana.

4. "Digital Minds" di Matteo Flora

Discute l'impatto del digitale sulla nostra società e sul nostro benessere.

Queste risorse vi offriranno un'ampia gamma di strumenti e informazioni per continuare il vostro percorso di crescita personale e gestione dello stress nell'era digitale. Ricordate che ognuno ha un percorso unico, quindi esplorate queste risorse con curiosità e apertura, scegliendo quelle che risuonano maggiormente con voi e le vostre esigenze specifiche.

ESERCIZI PRATICI

1. Diario di Consapevolezza Digitale

Istruzioni: Compila queste informazioni ogni giorno per una settimana.

Data: _______________________

Ore totali di utilizzo: ___________________

Attività   principali:

____

____

Come   mi   sono   sentito/a:

____

_

Osservazioni:

____

____

(Ripeti questo formato per ogni giorno della settimana)

2. Checklist per il Detox Digitale del Weekend

□ Disattiva le notifiche non essenziali

□ Imposta un limite di tempo per l'uso dei social media

□ Dedica almeno 2 ore a un'attività offline che ami

□ Fai una passeggiata senza smartphone

□ Leggi un libro cartaceo per 30 minuti

☐ Chiama un amico o un familiare invece di mandare messaggi

☐ Pratica 10 minuti di mindfulness senza distrazioni digitali

3. Scheda di Valutazione del Sonno e dell'Uso dei Dispositivi

Giorno: ___________________

Ore di sonno: ___________________

Qualità del sonno (1-10): ___________________

Uso di dispositivi prima di dormire (minuti): ___________________

Come mi sento al risveglio: ____

____

(Ripeti questo formato per ogni giorno della settimana)

4. Piano Settimanale di Equilibrio Digitale

Lunedì:

Obiettivo di utilizzo: ___________________

Attività offline pianificata: ___________________

Tempo per le relazioni: ___________________

(Ripeti questo formato per ogni giorno della settimana)

5. Auto-valutazione Mensile del Benessere Digitale

Valuta da 1 (pessimo) a 10 (eccellente) i seguenti aspetti:

Controllo sul tempo trascorso online: ____

Qualità del sonno: ____

Produttività al lavoro/studio: ____

Qualità delle relazioni personali: ____

Livello generale di stress: ____

Capacità di disconnettersi: ____

Equilibrio tra vita online e offline: ____

Riflessione:

Cosa ho imparato questo mese?
____
—
Quale area posso migliorare il prossimo mese?
____

CHECKLIST PER IL BENESSERE DIGITALE: STRUMENTI PER MONITORARE I PROGRESSI

Istruzioni: Utilizza questa checklist settimanalmente per valutare i tuoi progressi nel migliorare il tuo benessere digitale. Segna con una "X" le caselle che hai completato.

1. Gestione del tempo:

[ ] Ho impostato limiti di tempo per l'uso dei social media

[ ] Ho utilizzato un timer per monitorare il tempo trascorso online

[ ] Ho fatto almeno una pausa di 15 minuti ogni ora di lavoro al computer

2. Qualità del sonno:

[ ] Ho evitato l'uso di dispositivi elettronici almeno un'ora prima di andare a letto

[ ] Ho utilizzato filtri per la luce blu sui miei dispositivi la sera

[ ] Ho mantenuto la camera da letto libera da dispositivi elettronici

3. Mindfulness e consapevolezza:

[ ] Ho praticato la meditazione o esercizi di respirazione per almeno 10 minuti al giorno

[ ] Ho fatto almeno un pasto senza l'uso di dispositivi elettronici

[ ] Ho dedicato del tempo alla riflessione sulle mie abitudini digitali

4. Connessioni reali:

[ ] Ho avuto una conversazione faccia a faccia senza interruzioni digitali

[ ] Ho chiamato un amico o un familiare invece di mandare un messaggio

[ ] Ho partecipato a un'attività sociale offline

5. Produttività:

[ ] Ho utilizzato la tecnica del pomodoro per gestire il mio tempo di lavoro

[ ] Ho disattivato le notifiche non essenziali durante le ore di lavoro

[ ] Ho completato almeno un compito importante senza distrazioni digitali

6. Benessere fisico:

[ ] Ho fatto esercizio fisico senza utilizzare dispositivi elettronici

[ ] Ho fatto stretching o pause attive durante lunghe sessioni al computer

[ ] Ho mantenuto una postura corretta durante l'uso del computer

7. Detox digitale:

[ ] Ho dedicato almeno 2 ore a un'attività completamente offline

[ ] Ho fatto una "pulizia digitale", eliminando app o contatti non necessari

[ ] Ho provato un nuovo hobby o attività che non coinvolge la tecnologia

8. Apprendimento e crescita:

[ ] Ho letto un articolo o un capitolo di un libro su carta anziché su schermo

[ ] Ho imparato qualcosa di nuovo senza l'aiuto di internet

[ ] Ho riflettuto sui miei progressi e identificato aree di miglioramento

Punteggio totale: _______ / 24

Riflessioni della settimana:

- Cosa ho imparato questa settimana sul mio rapporto con la tecnologia?

____

____

____

____

- Quale area vorrei migliorare la prossima settimana?

____

____

____

____

- Un obiettivo specifico per la prossima settimana:

____

____

____

____

Data: _______________________   Firma:

____

Ricorda, l'obiettivo non è la perfezione, ma il progresso costante. Celebra i tuoi successi e usa questa checklist come strumento di crescita e consapevolezza.

RIFLESSIONI FINALI

Siamo giunti al termine di questo viaggio alla scoperta di come ritrovare equilibrio e serenità nell'era digitale. Se siete arrivati fin qui, congratulazioni: avete già fatto il primo, fondamentale passo verso una vita più consapevole e meno stressante nel nostro mondo iperconnesso.

Ripercorriamo insieme i punti salienti di questo percorso:

1. Abbiamo esplorato l'impatto profondo che la tecnologia ha sulla nostra psiche, sul nostro cervello e sulle nostre relazioni. Abbiamo visto come l'iperconnettività possa portare a stress, ansia e un senso di disconnessione da noi stessi e dagli altri.

2. Abbiamo imparato l'importanza della consapevolezza digitale e come praticare la mindfulness possa aiutarci a utilizzare la tecnologia in modo più intenzionale e meno automatico.

3. Abbiamo scoperto il valore del "detox digitale" e come creare spazi e momenti liberi dalla tecnologia possa rinvigorire la nostra mente e il nostro spirito.

4. Abbiamo esplorato strategie pratiche per gestire meglio il nostro tempo, le nostre priorità e il nostro ambiente, sia fisico che digitale.

5. Abbiamo appreso tecniche di rilassamento, l'importanza dell'attività fisica e di un'alimentazione consapevole nel contrastare lo stress tecnologico.

6. Abbiamo riscoperto il valore delle connessioni reali in un mondo virtuale e come coltivare relazioni autentiche possa essere un potente antidoto all'isolamento digitale.

7. Infine, abbiamo affrontato situazioni specifiche come lo stress sul lavoro, le sfide dei giovani nell'era digitale e l'importanza di riconoscere quando è il momento di cercare aiuto professionale.

Ma ricordate: questo libro non è stato scritto per demonizzare la tecnologia. Al contrario, il nostro obiettivo è stato quello di imparare a utilizzarla in modo più saggio e consapevole, trasformandola da fonte di stress a strumento di crescita e connessione.

La tecnologia, in fin dei conti, è un po' come il fuoco: può scaldarci o bruciarci, tutto dipende da come la utilizziamo. E proprio come i nostri antenati hanno imparato a domare il fuoco, anche noi possiamo imparare a gestire la tecnologia in modo da trarne i benefici senza esserne sopraffatti.

Il percorso verso un equilibrio digitale è un viaggio, non una destinazione. Ci saranno giorni in cui vi sentirete in perfetta armonia con il vostro uso della tecnologia, e altri in cui vi ritroverete a scrollare compulsivamente lo smartphone. Non scoraggiatevi: è normale, è umano. L'importante è mantenere la consapevolezza e continuare a fare piccoli passi nella direzione giusta.

Ricordate sempre che voi siete al comando. La tecnologia è un servitore, non un padrone. Sta a voi decidere come, quando e quanto utilizzarla. Non abbiate paura di premere il tasto "off", di disconnettervi, di prendervi una pausa. Il mondo digitale sarà ancora lì quando tornerete, ma voi sarete più riposati, più centrati, più voi stessi.

E mentre navigate in questo mondo sempre più connesso, non dimenticate mai l'importanza delle connessioni reali. Un abbraccio, una risata condivisa, una conversazione faccia a faccia: sono queste le esperienze che davvero arricchiscono la nostra vita e nutrono la nostra anima.

Concludo con una piccola provocazione: che ne dite di chiudere questo libro (o spegnere l'e-reader) e uscire a fare una passeggiata? Senza smartphone, senza tracker di attività, senza nulla se non voi stessi e il mondo intorno a voi. Osservate, respirate, sentite. Riconnettetevi con voi stessi e con la natura.

Perché, in fin dei conti, la vera disconnessione dallo stress passa attraverso la riconnessione con ciò che conta davvero: noi stessi, gli altri, il mondo che ci circonda.

Buon viaggio, cari lettori. Che possiate trovare il vostro equilibrio in questo meraviglioso, caotico, digitalissimo mondo.

Una piccola nota ai lettori

Cari lettori,

Se siete arrivati fin qui, spero che questo libro vi abbia offerto spunti utili e strategie pratiche per navigare il nostro mondo digitale con maggiore serenità. Il vostro benessere e la vostra crescita personale sono stati la mia principale motivazione nello scrivere queste pagine.

Se avete trovato valore in questo libro, vi sarei immensamente grato se voleste dedicare qualche minuto per condividere la vostra esperienza su Amazon. Le vostre parole sincere, che siano solo poche righe o una recensione più dettagliata, possono fare una grande differenza. Non solo aiutano altri potenziali lettori a decidere se questo libro possa essere utile per loro, ma forniscono anche un prezioso feedback a me come autore.

Naturalmente, questa è solo una gentile richiesta. Il vostro tempo e la vostra opinione sono preziosi, e apprezzo profondamente il fatto che abbiate già dedicato parte del vostro tempo alla lettura di questo libro.

Grazie per aver intrapreso questo viaggio con me verso un rapporto più equilibrato con la tecnologia. Vi auguro tutto il meglio nel vostro percorso di crescita personale e di benessere digitale.

Con gratitudine,

Benjamin Harper

Indice generale

www.ingramcontent.com/pod-product-compliance
Lightning Source LLC
Chambersburg PA
CBHW061801250726
48657CB00001B/223